ENGLISH
FOR EVERYONE
JUNIOR

GRAMÁTICA INGLESA

Autor

Ben Ffrancon Dowds es escritor independiente y traductor literario.
Escribe libros de texto y guías de estudio sobre una amplia gama de temas,
como historia, literatura y enseñanza del inglés, y libros de no ficción
general para niños y adultos. Estudió lenguas medievales y modernas en
la Universidad de Oxford y ha enseñado inglés en España y Francia.
Ha colaborado en varios libros de la serie *English for Everyone*.

Consultoras lingüísticas

Christelle Wakefield es una consultora educativa y editora especializada
en la enseñanza del inglés para jóvenes y en lenguas extranjeras modernas.
Ha enseñado en España, México y Suiza, y lleva más de 15 años
trabajando en el sector editorial educativo, en libros de texto y materiales
para estudiantes y profesores de todo el mundo.

Susan Barduhn es profesora emérita y ha desarrollado su carrera
profesional en el campo de la enseñanza de lenguas extranjeras como
profesora, formadora, supervisora, gestora, autora, mentora, evaluadora,
conferenciante y consultora internacional. Ha sido presidenta de IATEFL;
directora y cofundadora de The Language Center, en Nairobi; subdirectora
de International House, en Londres; presidenta del Programa MATESOL
en la School for International Training; y actualmente es consultora del
British Council, Fulbright, el Departamento de Estado de Estados Unidos,
de TransformELT y de Consultants-e (TCE).

ENGLISH
FOR EVERYONE
JUNIOR

GRAMÁTICA INGLESA

Edición sénior Ben Ffrancon Dowds
Edición de arte sénior Amy Child
Edición del proyecto Amanda Eisenthal
Ilustración Amy Child, Gus Scott
Edición ejecutiva Carine Tracanelli
Edición ejecutiva de arte Anna Hall
Edición de producción sénior Andy Hilliard
Control de producción sénior Poppy David
Dirección de desarrollo del diseño de cubierta Sophia MTT
Diseño de cubierta sénior Surabhi Wadhwa Gandhi
Diseño de cubierta Juhi Sheth
Coordinación de cubierta sénior Priyanka Sharma-Saddi
Diseño de maquetación Deepak Mittal
Dirección editorial Andrew Macintyre
Subdirección de publicaciones Liz Wheeler
Dirección de arte Karen Self
Dirección de publicaciones Jonathan Metcalf

De la edición en español:
Servicios editoriales Tinta Simpàtica
Traducción Ismael Belda
Coordinación de proyecto Helena Peña
Dirección editorial Elsa Vicente

Publicado originalmente en Gran Bretaña en 2023
por Dorling Kindersley Limited
DK, One Embassy Gardens, 8 Viaduct Gardens,
Londres, SW11 7BW
Parte de Penguin Random House

ISBN: 978-0-5938-4826-5
Impreso y encuadernado en China

www.dkespañol.com

MIXTO
Papel | Apoyando la
silvicultura responsable
FSC™ C018179

Este libro se ha impreso con papel
certificado por el Forest Stewardship
Council™ como parte del compromiso
de DK por un futuro sostenible.
Más información: **www.dk.com/uk/
information/sustainability**

Contenidos

1 Present simple

Ver también:
Present simple negativo **2**
Preguntas en present simple **3**

I play the guitar.

1.1 Cómo se forma: Present simple de verbos regulares

Los verbos regulares siguen una estructura común. Para construir el present simple de los verbos regulares, usa la forma base del verbo. Al usarlos con **he**, **she** o **it**, añade **s** a la forma base.

sujeto	verbo	resto de la oración
I	play	the guitar.

Usa la forma base del verbo.

NOTA
La forma base se emplea para hacer muchas frases. Ve a la Unidad 42 para saber más.

You	play	the trumpet.

Usa la forma base del verbo.

He She It	play**s**	the piano.

Añade **s** a la forma base del verbo con **he**, **she** o **it**.

We You They	play	the violin.

Usa la forma base del verbo.

Cuándo se usa
Usa el **present simple** al hablar de hechos, opiniones o cosas que ocurren regularmente.

1.2 Reglas de escritura: Present simple

Para la mayoría de los verbos regulares, añade **s** al final de la forma base con **he**, **she** o **it**. Pero en las formas base con ciertas terminaciones, añade **es** en lugar de **s**.

play	watch	finish	go	miss	mix	buzz
⬇	⬇	⬇	⬇	⬇	⬇	⬇
plays	watches	finishes	goes	misses	mixes	buzzes

Más ejemplos

He **likes** cake.

She **watches** television in the evening.

You **draw** lovely pictures.

They **live** in a pink house.

We **read** books every day.

The dog **loves** balls.

1.3 Cómo se forma: Present simple de "to be"

To be es un verbo irregular en present simple. No sigue las mismas formas que los verbos regulares.

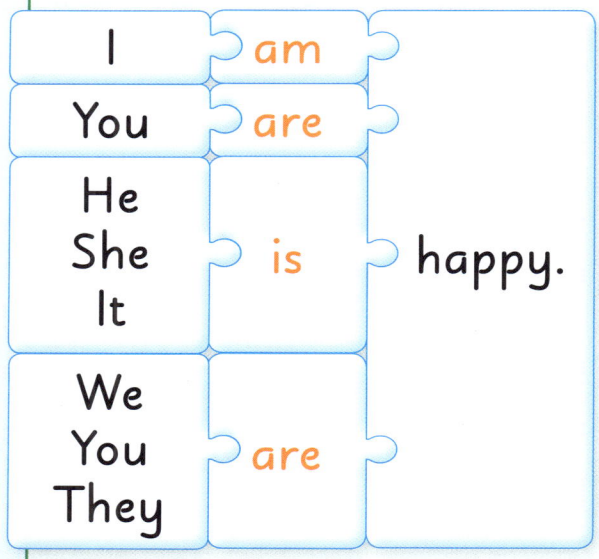

I	am	
You	are	
He She It	is	happy.
We You They	are	

I am happy.

Cuándo se usa
Usa el **present simple** de **to be** para hablar de hechos, sentimientos, situaciones y estados de ánimo.

Más ejemplos

We **are** friends.

My dad **is** a teacher.

He **is** hot.

They **are** at the park.

You **are** sad.

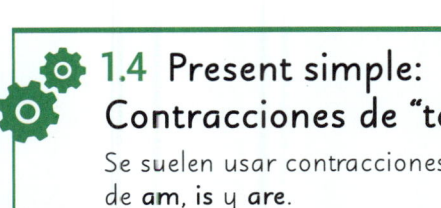

1.4 Present simple: Contracciones de "to be"

Se suelen usar contracciones de **am**, **is** y **are**.

I'm ten.

I am	You are
↓	↓
I'm	You're

He is	She is	It is
↓	↓	↓
He's	She's	It's

We are	You are	They are
↓	↓	↓
We're	You're	They're

Más ejemplos

I'm cold!

The cat's black.

It's dirty.

We're at school.

They're in the yard.

1.5 Cómo se forma: Present simple de "to have"

To **have** es un verbo irregular en present simple. Con **he**, **she** o **it**, se convierte en **has**.

Cuándo se usa
Usa el **present simple** de **to have** para hablar de posesión, familiares y partes del cuerpo.

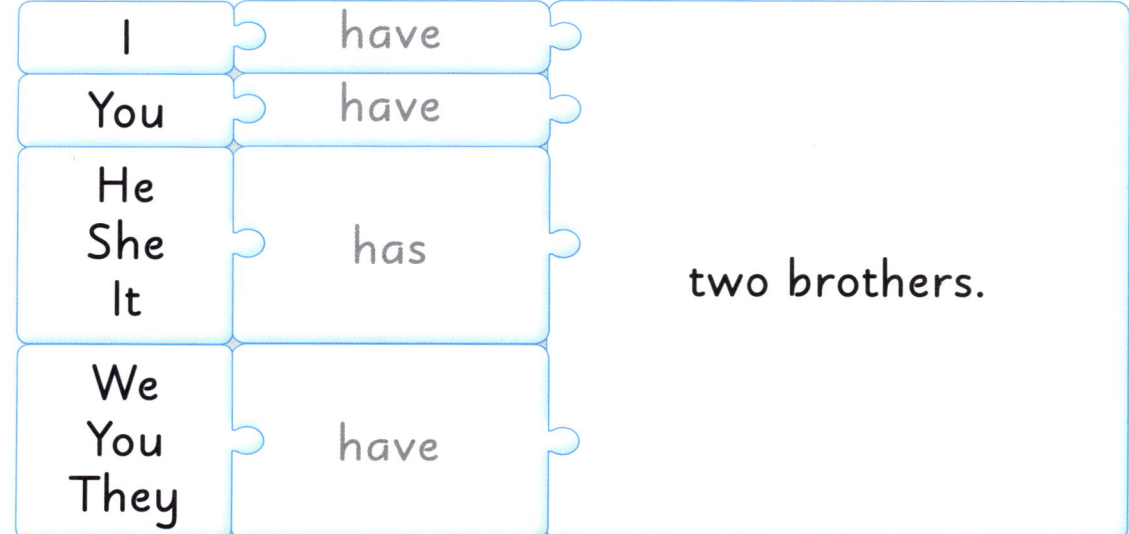

I	have	
You	have	
He She It	has	two brothers.
We You They	have	

I have two brothers.

Más ejemplos

I have a new doll.

She has two books.

We **have** four balloons.

You have some lemonade.

They have lots of pets.

He has a blue book bag.

It has a ball.

We have black hair.

Ben has a white rabbit.

2 Present simple negativo

Ver también:
Present simple **1**
Preguntas en present simple **3**

I **do not** like milk.

⚙ 2.1 Cómo se forma: Present simple negativo

Para formar el present simple negativo de la mayoría de los verbos, coloca **do not** o **does not** antes de la forma base del verbo principal. No añadas nunca **s** al verbo principal al formar una oración negativa.

I **like** milk.

⬇

I **do not** **like** milk.

Coloca **do not** antes del verbo principal.

She **likes** milk.

⬇

She **does not** **like** milk.

No añadas **s** al verbo principal.

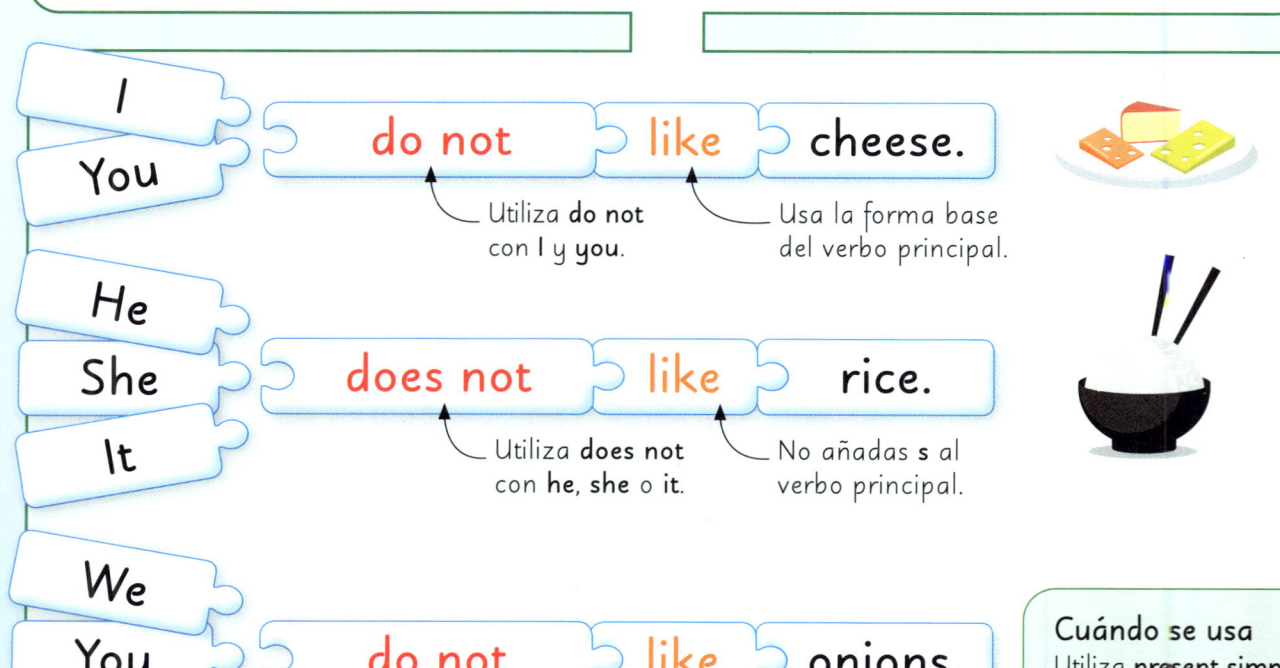

I / You **do not** **like** cheese.

Utiliza **do not** con **I** y **you**.

Usa la forma base del verbo principal.

He / She / It **does not** **like** rice.

Utiliza **does not** con **he**, **she** o **it**.

No añadas **s** al verbo principal.

We / You / They **do not** **like** onions.

Utiliza **do not** con **we**, **you** o **they**.

Cuándo se usa
Utiliza **present simple negativo** para hablar de hechos, opiniones o cosas que no ocurren.

2.2 Present simple negativo: Contracciones de "do not" y "does not"

A menudo se abrevia **do not** como **don't** y **does not** como **doesn't**.

do not → don't

does not → doesn't

Las dos palabras se unen y la **o** se sustituye por un apóstrofo.

Más ejemplos

I **do not enjoy** video games.

It **does not snow** in summer.

He **does not eat** meat.

Sara **doesn't wear** glasses.

They **don't live** in the city.

Tom **doesn't understand** the homework.

2.3 Cómo se forma: Present simple negativo con "to be"

Para formar el present simple negativo con **to be**, coloca **not** después de **am**, **is** o **are**. No tienes que usar **do not** o **does not**.

I **am** tired.

I **am not** tired.

Coloca **not** después de **am**, **is** o **are**.

I **am not** tired.

I	am		
You	are		
He She It	is	not	tired.
We You They	are		

Cuándo se usa
Usa **present simple negativo** con **to be** para hablar de hechos, sentimientos, situaciones o estados.

2.4 Present simple negativo: contracciones con "to be"

Hay dos formas de contraer el present simple negativo de **to be**,
excepto en **I am not**, que solo tiene una forma abreviada.

I am not → I'm not

You are not → You're not / You aren't

He is not → He's not / He isn't

She is not → She's not / She isn't

It is not → It's not / It isn't

We are not → We're not / We aren't

They are not → They're not / They aren't

Más ejemplos

My coat **is not** red.

I **am not** seven.
I am eight.

He **is not** happy.

The robot**'s not** orange, it's blue.

Our house **isn't** big.

The dogs **aren't** dirty.

3 Preguntas en present simple

Ver también:
Present simple **1**
Hacer preguntas **3-8**

3.1 Cómo se forma: Preguntas en present simple

Con la mayoría de los verbos, añade **do** o **does** al comienzo de una oración en present simple para convertirla en una pregunta. Nunca añadas **s** al verbo principal al construir una pregunta.

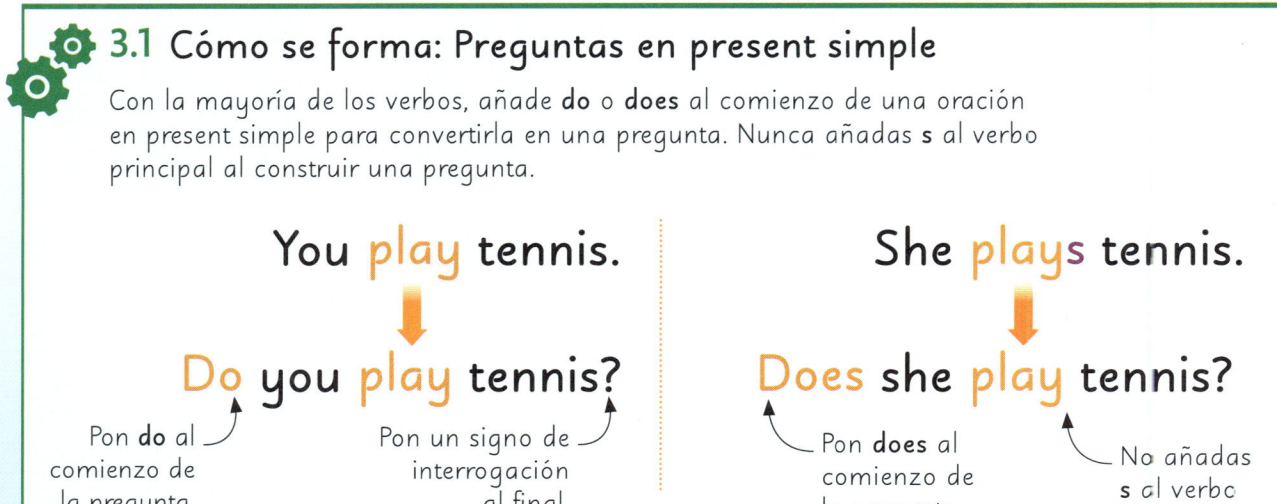

You **play** tennis.

Do you **play** tennis?

Pon **do** al comienzo de la pregunta.

Pon un signo de interrogación al final.

She **plays** tennis.

Does she **play** tennis?

Pon **does** al comienzo de la pregunta.

No añadas **s** al verbo principal.

Do	I / you	play	tennis?
Does	he / she / it		
Do	we / you / they		

Cuándo se usa
Usa el **present simple** para preguntar sobre hechos, opiniones o cosas que ocurren de forma regular.

Do you play tennis?

Yes.

No.

Más ejemplos

Do you want some cake?

Does she like baseball?

Do you speak English?

Does he play the guitar every day?

⚙️ 3.2 Cómo se forma: Preguntas en present simple con "to be"

Para hacer preguntas en present simple con **to be**, pon **am**, **is** o **are** antes del sujeto. No tienes que añadir **do** o **does** al principio.

Esta es una oración positiva con **to be** en present simple.

You are excited.

Pon **are** antes del sujeto, **you**.

Añade un signo de interrogación al final.

Are you excited?

Am	I	
Are	you	
Is	he she it	excited?
Are	we you they	

Cuándo se usa
Usa el **present simple** con **to be** para preguntar sobre hechos, sentimientos, situaciones o estados.

Are you excited?

Yes!

Más ejemplos

Are you awake?

Is he a firefighter?

Is Jenny at home?

Is it cold outside?

Are they at the soccer game?

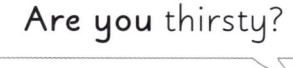

Are you thirsty?

Yes, we are.

3.3 Cómo se forma: Preguntas en present simple con "to have"

Para hacer preguntas en present simple con **have** o **has**, añade **do** o **does** al principio de la frase y utiliza **have** en su forma base.

Esta es una oración positiva con **to have** en present simple.

You have a dog.

⬇

Do you have a dog?

Añade un signo de interrogación al final.

Añade **do** o **does** al principio de la pregunta.

To have es siempre la forma base.

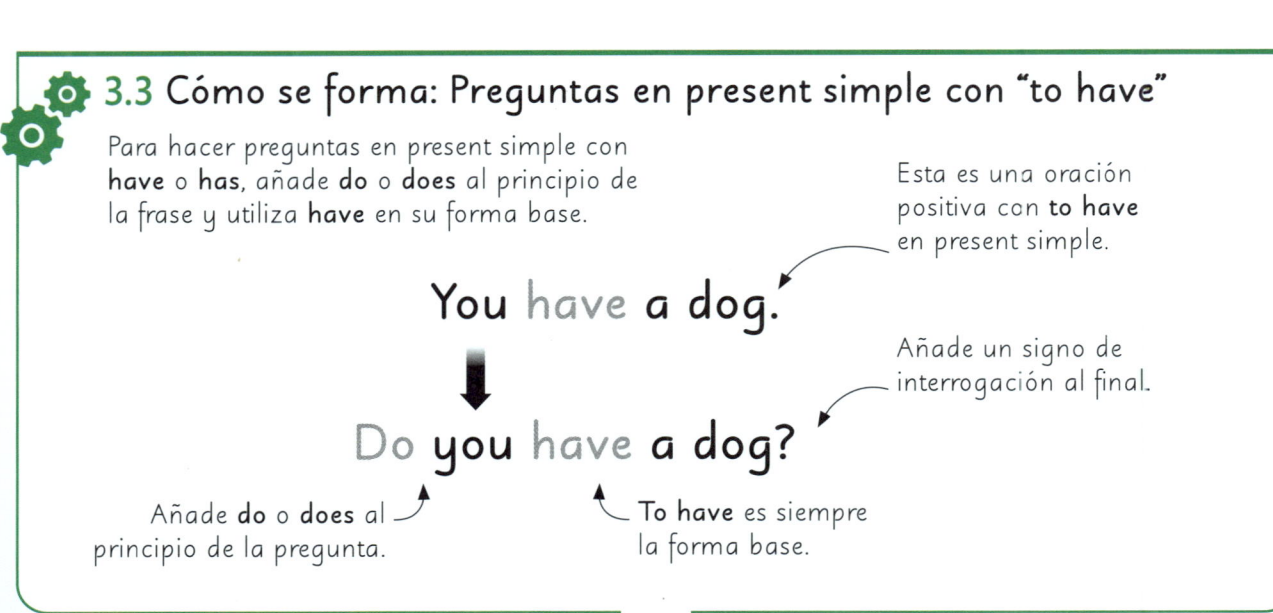

Do	I		
Do	you		
Does	he she it	have	a dog?
Do	we you they		

Cuándo se usa
Usa el **present simple** con **to have got** para preguntar sobre posesiones, familiares y partes del cuerpo.

Do you have a dog?

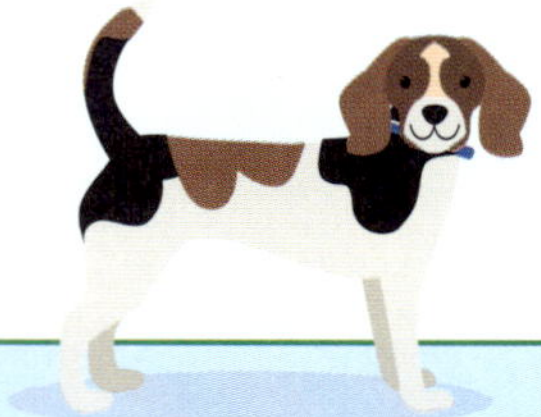

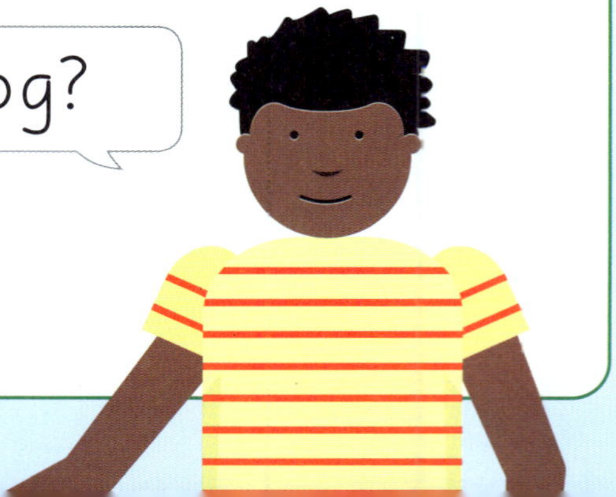

22

Más ejemplos

Does Kate have her hat?

Do you have your coats?

Yes.

Does he have a blue pencil?

Does she have a toothache?

Does Sara have a yellow bike?

Do you have any brothers?

Do we have any homework?

Yes.

Ver también:
Present simple **1**
Infinitivos y formas base **42**

4 Present continuous

I **am** **running**.

4.1 Cómo se forma: Present continuous

Para formar el present continuous, coloca **am**, **is** o **are** tras el sujeto, seguido del present participle del verbo principal.

sujeto	am/is/are	present participle
I	am	running.

Usa **am** cuando hables sobre ti mismo.

Usa el present participle del verbo principal. Los present participles siempre terminan en **ing**.

You **are** jumping.

Usa **are** para **you**.

He
She
It
is cycling.

Usa **is** para **he**, **she** o **it**.

We
You
They
are walking.

Usa **are** para **we**, **you** o **they**.

Cuándo se usa
Usa el **present continuous** para hablar de acciones sostenidas que tienen lugar en el presente.

4.2 Reglas de escritura de los present participles

Para formar cualquier present participle, añade **ing** a una forma base. A veces, la grafía de la forma base cambia al añadirle **ing**.

La sílaba final es tónica y las últimas letras son consonante-vocal-consonante.

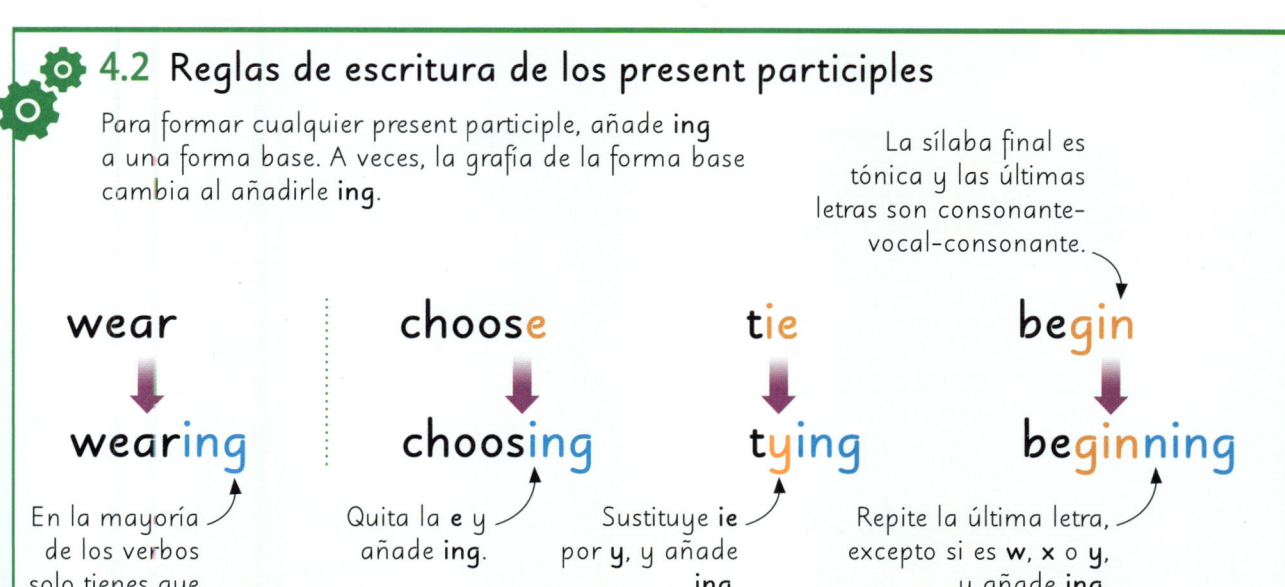

wear

wearing

En la mayoría de los verbos solo tienes que añadir **ing**.

choose

choosing

Quita la **e** y añade **ing**.

tie

tying

Sustituye **ie** por **y**, y añade **ing**.

begin

beginning

Repite la última letra, excepto si es **w**, **x** o **y**, y añade **ing**.

Más ejemplos

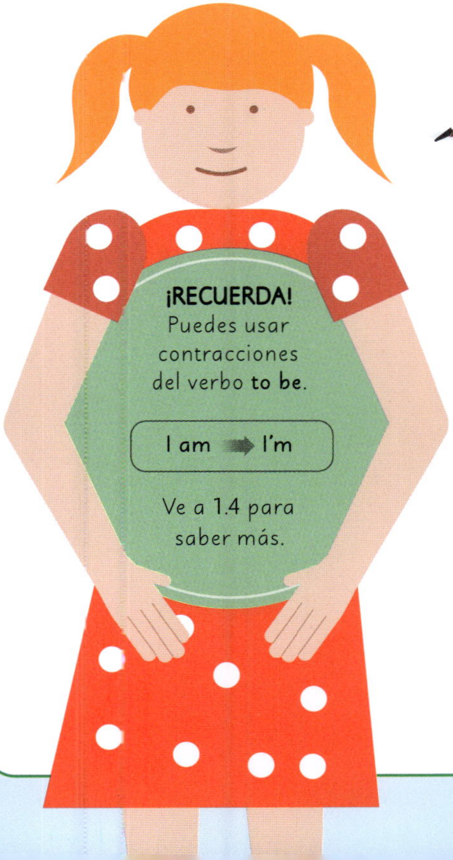

¡RECUERDA!
Puedes usar contracciones del verbo **to be**.

I am ➡ I'm

Ve a 1.4 para saber más.

They **are playing**.

I'm painting a picture.

Sara **is lying** on the sofa.

We're **swimming** in the sea.

5 Present continuous negativo

Ver también:
Present simple negativo **2**
Present continuous **4**

 I **am** **not** dancing.

5.1 Cómo se forma: Present continuous negativo

Para formar el present continuous negativo, coloca **not** después de **am**, **is** o **are**.

I **am** dancing.

I **am** **not** dancing.

Pon **not** después de **am**, **is** o **are**.

El present participle no varía.

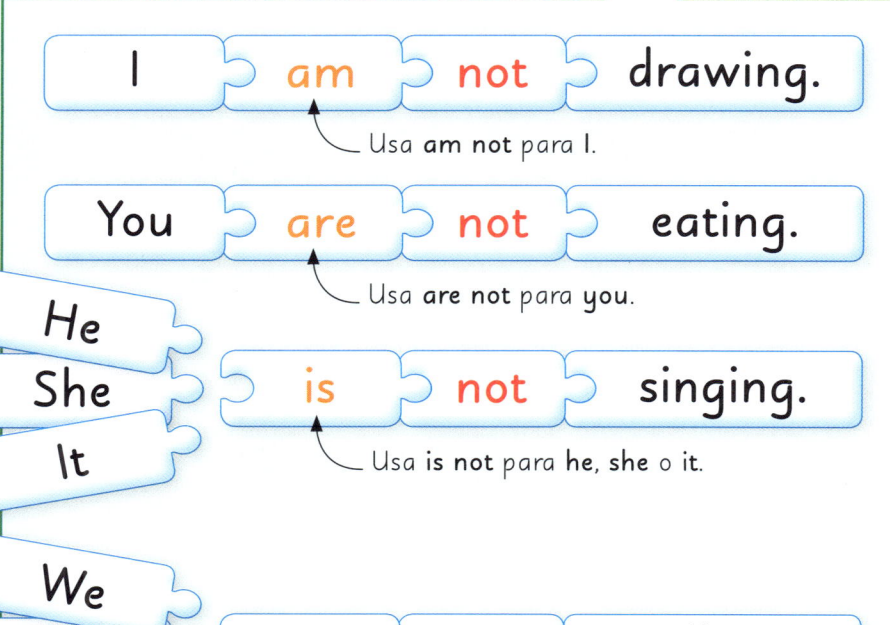

I **am** **not** drawing.

Usa **am not** para I.

You **are** **not** eating.

Usa **are not** para you.

He She It **is** **not** singing.

Usa **is not** para he, she o it.

We You They **are** **not** talking.

Usa **are not** para we, you o they.

Cuándo se usa
Usa el **present continuous negativo** para algo que no está ocurriendo en el presente.

5.2 Present continuous negativo: contracciones de "to be"

Hay dos formas de contraer el present continuous negativo, excepto en el caso de **I am not**, que solo tiene una forma contraída.

I **am not**

You **are not**

He **is not**

She **is not**

I'**m not**

You'**re not**   You **aren't**

He'**s not**   He **isn't**

She'**s not**   She **isn't**

It **is not**

We **are not**

They **are not**

It'**s not**   It **isn't**

We'**re not**   We **aren't**

They'**re not**   They **aren't**

Más ejemplos

It **is not raining**!

They **are not studying**.
They are playing.

She **isn't running**.
She's walking.

We'**re not eating pasta**.
We're eating pizza.

Ver también:
Present simple **1**
Present continuous **4**

6 Preguntas en present continuous

Is it snowing?

Yes!

⚙ 6.1 Cómo se forma: Preguntas en present continuous

Para hacer preguntas en present continuous, pon **am**, **is** o **are** antes del sujeto.

It **is** snowing.

Pon **is** antes del sujeto, **it**.

Is it snowing?

Am	I	
Are	you	
Is	he she it	playing?
Are	we you they	

Cuándo se usa
Usa el **present continuous** para preguntar si algo está ocurriendo en el presente.

Más ejemplos

Is it raining?

Are you drawing a flower?

Are they enjoying the beach?

Are we making a chocolate cake?

Are you learning English?

Are you having fun?

Yes!

7 Present: resumen

Usamos tanto el present simple como el present continuous para hablar sobre el presente, pero los usamos en situaciones diferentes.

7.1 Present simple

Para formar el present simple de los verbos regulares, usa la forma base del verbo. Con **he**, **she** o **it**, añade **s** o **es** a la forma base. Ve a la Unidad 1 para saber más.

Our car **is** blue.

⌐ Esto es un hecho.

Cuándo se usa
Usa el **present simple** para hablar de hechos o de cosas que son verdad siempre.

I **like** video games.

⌐ Esto es una opinión.

Usa el **present simple** para hablar de opiniones.

Max **reads** a book every evening.

⌐ Esto ocurre de forma regular.

Usa el **present simple** para hablar de hábitos o de cosas que ocurren con regularidad.

7.2 Añadir "s" en present simple

En oraciones positivas, añade **s** o **es** a un verbo regular con **he**, **she** o **it**. Nunca añadas **s** o **es** al verbo si forma parte de una oración negativa o de una pregunta, aunque emplee **he**, **she** o **it**.

He **starts** school at 9 o'clock.

⌐ Añade **s**, porque el sujeto es **he** y la oración es positiva.

He **doesn't start** school at 10 o'clock.

⌐ No añadas **s**, porque se trata de una oración negativa.

What time does he **start** school?

No añadas **s**, porque se trata de una pregunta.

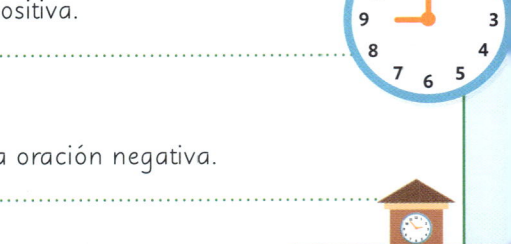

7.3 Present continuous

Para formar el present continuous, usa **am**, **is** o **are** seguido de un present participle. Ve a la Unidad 4 para saber más.

I **am painting** a picture.
↳ Esto ocurre en el presente.

It **is snowing**.
↳ Usa **am**, **is** o **are** dependiendo del sujeto.

They **are riding** their bikes.
↳ Usa el present participle del verbo principal.

Cuándo se usa
Usa el **present continuous** para hablar de acciones sostenidas que tienen lugar en el presente.

7.4 Comparar el present simple y el present continuous

Usa el present simple para hablar de hábitos o de cosas que ocurren de forma regular.

We **play** table tennis on Mondays.

Usa el present continuous para hablar de una acción que ocurre en el presente.

We **are playing** table tennis. It's fun!

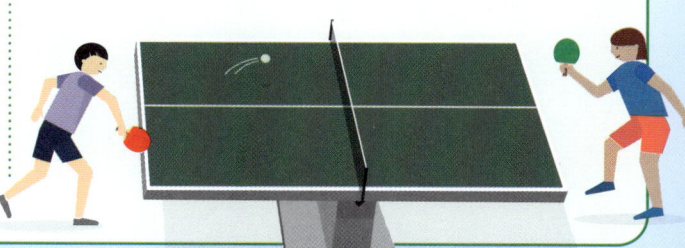

8 Past simple

Ver también:
Past simple negativo **9**
Preguntas en past simple **10**

I **wash**ed the car yesterday.

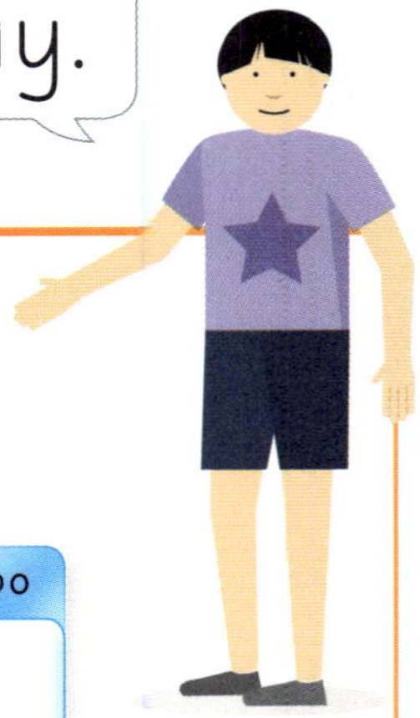

8.1 Cómo se forma: Past simple con verbos regulares

Los verbos regulares terminan en **ed** en past simple.
La forma de past simple es invariable para todos los sujetos.

sujeto	verbo	objeto directo	complemento de tiempo
I	washed	the car	yesterday.

Añade **ed** a la forma base del verbo.

Los complementos de tiempo se usan para decir cuándo ha ocurrido algo.

You He She It We You They	washed	the car.

Este verbo está en past simple. Usa la misma forma para todos los sujetos.

Cuándo se usa
Usa el **past simple** para hablar de una acción acabada que ocurrió en un momento determinado del pasado.

⚙ 8.2 Reglas de escritura: Past simple

Para formar el past simple de los verbos regulares, añade **ed** a la forma base del verbo. A veces, la grafía de la forma base cambia al añadir **ed**.

Las últimas letras son una consonante e **y**.

Las últimas letras son una vocal y una consonante.

wash
⬇
washed

Añade **ed** a la mayoría de los verbos.

dance
⬇
danced

Añade solo **d**.

try
⬇
tried

Sustituye **y** por **i**, y añade **ed**.

stop
⬇
stopped

Repite la última letra y añade **ed**.

Más ejemplos

I **cleaned** my bike yesterday.

The bus **stopped** in front of the school.

She **cried** because she **dropped** her toy.

We **danced** at the party last night.

They **planted** a tree last week.

8.3 Verbos irregulares comunes en past simple

Muchos verbos son irregulares en past simple. A veces pueden ser muy diferentes de sus formas base. Estos son algunos de los verbos irregulares en past simple más comunes. Para ver una lista más larga, ve a R19.

go	have	do	put	come	see
↓	↓	↓	↓	↓	↓
went	had	did	put	came	saw

8.4 Cómo se forma: Past simple con verbos irregulares

Como en el caso de los verbos regulares, los verbos irregulares, excepto **to be**, permanecen iguales para todos los sujetos.

I
You

He
She
It
went to the shops yesterday.

We
You
They

We **went** to the store yesterday.

8.5 Cómo se forma: Past simple con "to be"

En past simple, **to be** tiene dos formas: **was** y **were**.
Es el único verbo en past simple que varía según el sujeto.

I	was
You	were
He She It	was
We You They	were

at the beach last week.

Cuándo se usa

Usa el **past simple** con **to be** para hablar de hechos, sentimientos, situaciones y estados en pasado.

Más ejemplos

Ben **came** to my house last week.

We **had** pasta for dinner last night.

They **were** very tired after school.

9 Past simple negativo

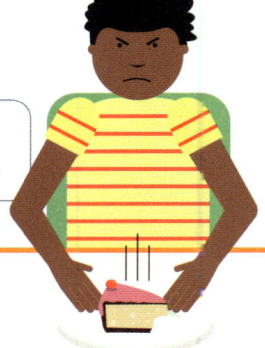

Ver también:
Past simple **8**
Infinitivos y formas base **42**

I **did not like** the cake.

9.1 Cómo se forma: Past simple negativo

Para formar el past simple negativo, añade **did not** antes del verbo principal. **Did not** es invariable para todos los sujetos. El verbo principal permanece en su forma base: nunca uses la forma de past simple ni añadas **s**.

I **liked** the cake.

I **did not like** the cake.

Añade **did not** antes del verbo principal.

El verbo principal va en su forma base.

Cuándo se usa
Usa el **past simple negativo** para hablar de acciones o estados del pasado que no ocurrieron.

I You			
He She It	**did not**	**like**	the cake.
We You They			

9.2 Past simple negativo: contracción de "did not"

Solemos contraer **did not** como **didn't**.

I **did not like** the cake.

I **didn't like** the cake.

Did y **not** van juntos y la **o** se sustituye por un apóstrofo.

Más ejemplos

He **didn't wear** a hat at the party.

We **did not play** in the park yesterday.

They **did not understand** the test.

I **didn't brush** my hair this morning.

Andy **didn't drink** his juice.

⚙ 9.3 Cómo se forma: Past simple negativo con "to be"

Para formar el past simple negativo de **to be**, añade **not** después de **was** o **were**. No tienes que usar **did not** o **didn't**.

It **was** warm.

⬇

It **was** **not** warm.

└ Añade **not** después de **was** o **were**.

It **was** **not** warm yesterday.

I	**was**		
You	**were**	**not**	**warm.**
He She It	**was**		
We You They	**were**		

Cuándo se usa
Usa el **past simple negativo** con **to be** para hablar de hechos, situaciones o estados del pasado.

Más ejemplos

The dog **was not** hungry.

The store **was not** open.

The balls **were not** red.

9.4 Past simple negativo: contracciones de "was not" y "were not"

Se suelen abreviar **was not** como **wasn't**, y **were not** como **weren't**.

was not

⬇

wasn't

Was y **not** van juntos y la **o** se sustituye por un apóstrofo.

were not

⬇

weren't

Were y **not** van juntos y la **o** se sustituye por un apóstrofo.

Más ejemplos

I **wasn't** very well last week.

The movie **wasn't** interesting.

The questions **weren't** too difficult.

The boots **weren't** clean.

It **wasn't** cold this morning.

The cat **wasn't** white. It was black.

10 Preguntas en past simple

Ver también:
Past simple **8**
Hacer preguntas **38**

Did you watch the game?

⚙ 10.1 Cómo se forma: Preguntas en past simple

Para hacer preguntas en past simple, coloca **did** antes del sujeto y pon el verbo principal en su forma base: no uses la forma de past simple ni añadas **s**. **Did** permanece invariable para todos los sujetos.

You **watched** the game.

Did you **watch** the game?

Pon **did** al comienzo de la pregunta.

El verbo principal va en su forma base.

Añade un signo de interrogación al final.

| Did | I
you
he
she
it
we
you
they | watch the game? |

Cuándo se usa
Usa el **past simple** para preguntar sobre acciones completadas en el pasado.

Más ejemplos

Did they catch a fish?

Did she finish the race?

Did you wear a red dress to the party?

Did Jess play soccer today?

Did it rain yesterday?

Did he see a horse at the farm?

Did you go camping last summer?

Did you buy a new hat?

10.2 Cómo se forma: Preguntas en past simple con "to be"

Para hacer preguntas en past simple con **to be**, pon **was** o **were** antes del sujeto. No tienes que usar **did**.

You were at the party yesterday.

Were you at the party yesterday?

Pon **were** antes del sujeto, **you**.

Añade un signo de interrogación al final.

Was	I
Were	you
Was	he she it
Were	we you they

at the party yesterday?

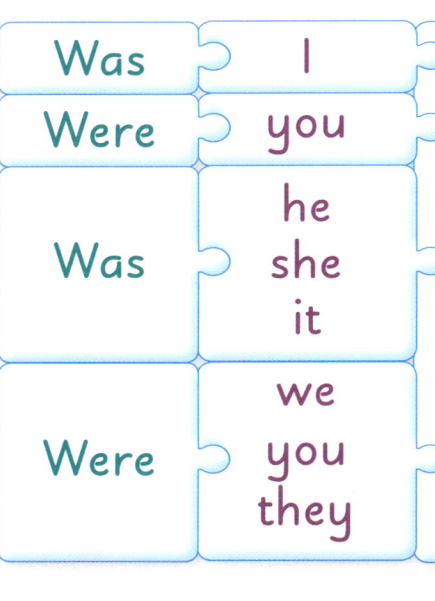

Cuándo se usa
Usa el **past simple** con **to be** para preguntar sobre hechos, situaciones y estados del pasado.

Were you at the party yesterday?

Yes.

Más ejemplos

Was I fast?

Were you at the park yesterday?

Was the slide big?

Was the clown funny?

Was she excited to see you?

Was school fun today?

Were you scared on the rollercoaster?

Were Dad and Sofia happy to visit Grandma?

11 Past continuous

Ver también:
Present continuous **4**
Past simple **8**

11.1 Cómo se forma: Past continuous

Para formar el past continuous, usa **was** o **were** seguido de un present participle.

sujeto	was/were	present participle	resto de la oración
The sun	was	shining	in the sky.

Usa **was** o **were** según el sujeto.

Usa el present participle del verbo principal.

11.2 Usar el past continuous

Hay dos formas de usar el past continuous.

Cuándo se usa
Usa el **past continuous** para contar una historia.

past continuous

The birds were singing in the trees. It was a beautiful day.

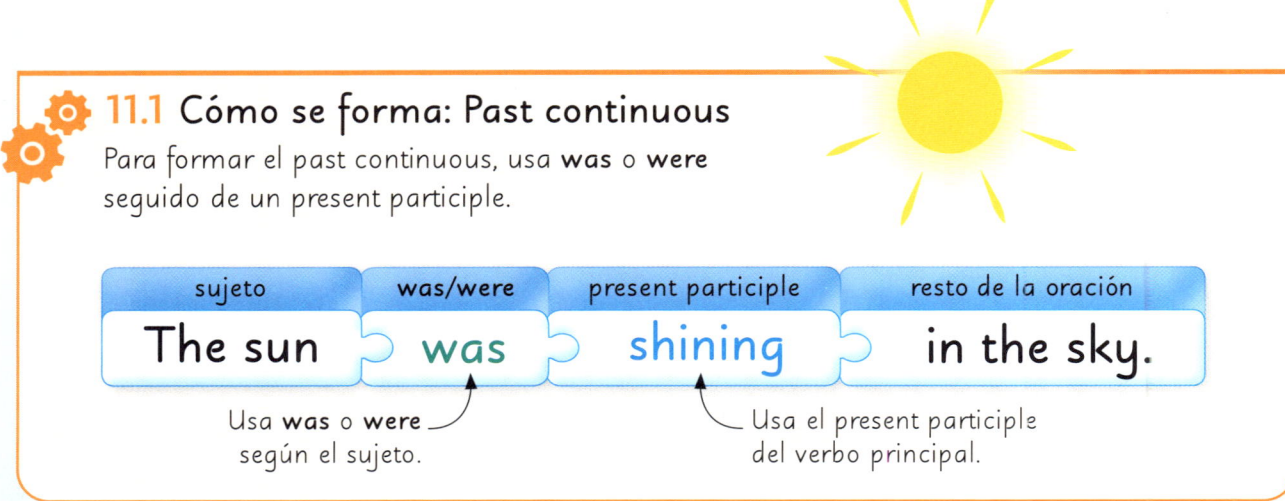

Usa el **past continuous** para hablar de una acción sostenida en el pasado que fue interrumpida por otra acción.

past continuous

I was sleeping when an apple fell on my head.

La acción que interrumpe está en past simple.

Más ejemplos

The boys **were running** through the forest.

I **was playing** basketball when you called yesterday.

The girls **were having** fun together.

The ducks **were swimming** in the water.

Maria **was listening** to music when Andy arrived.

¡RECUERDA!
Para formar la mayoría de los present participles, añade **ing** a la forma base. Algunos tienen diferentes reglas de escritura. Ve a 4.2 para saber más.

It was a cold day. Snow **was falling**.

I **was playing** in the yard when it started to rain.

12 Past continuous negativo

Ver también:
Past simple **8**
Past continuous **11**

 12.1 Cómo se forma: Past continuous negativo

Para formar el past continuous negativo, pon **not** después de **was** o **were**.

The children were drawing.

The children were not drawing.

Añade **not** después de **was** o **were**.

El present participle permanece igual.

 12.2 Usar el past continuous negativo

Hay dos formas de usar el past continuous negativo.

Cuándo se usa
Usa el **past continuous negativo** para una historia.

Sara was not listening to music. She was reading a book.

Usa el **past continuous negativo** para hablar de una acción que no estaba ocurriendo en el pasado mientras otra acción tenía lugar.

I was not paying attention when I fell over the blocks.

La acción que interrumpe está en past simple.

12.3 Past continuous negativo: Contracciones de "was not" y "were not"

Se suele contraer **was not** como **wasn't**, y **were not** como **weren't**.

was not   **were not**

↓   ↓

wasn't   **weren't**

Was y **not** se escriben juntos y la o se sustituye por un apóstrofo.

Were y **not** van juntos y la **o** se sustituye por un apóstrofo.

Más ejemplos

The computer **wasn't working**.

It **wasn't raining** when we arrived at the park.

We **were not walking**. We were riding our bikes.

¡RECUERDA!
Para formar la mayoría de los present participles, añade **ing** a la forma base. Algunos present participles tienen diferentes reglas de escritura. Ve a 4.2 para saber más.

They **weren't surfing**. They were sailing!

Sofia's mom took a picture, but Sofia **wasn't smiling**.

47

13 Preguntas en past continuous

Ver también:
Past continuous **11**
Palabras interrogativas **40**

> Were you playing in your room?

> Yes.

13.1 Cómo se forma: Preguntas en past continuous

Para formar preguntas en past continuous,
pon **was** o **were** antes del sujeto.

Pon **were** antes
del sujeto, **you**.

You were playing in your room.

Were you playing in your room?

El present participle permanece
en la misma posición.

Añade un signo de
interrogación al final.

Was	I	
Were	you	
Was	he she it	reading?
Were	we you they	

Cuándo se usa
Usa el **past continuous**
para preguntar sobre
acciones sostenidas
que estaban ocurriendo
en el pasado.

Más ejemplos

Were you jumping rope this morning?

What **was Ben studying** in the library at lunchtime?

Was it snowing at the park?

Was he playing tennis when you saw him?

What **was Dad cooking** when you got home?

What **were you buying** at the store yesterday?

Why **were they whispering**?

Where **was Sara going** yesterday morning?

¡RECUERDA!
Para la mayoría de los present participles, añade **ing** a la forma base. Algunos present participles tienen diferentes normas de escritura. Ve a 4.2 para saber más.

14 Present perfect

Ver también:
Preposiciones de tiempo **74**
Verbos irregulares **R19**

I **have** finished dinner.

14.1 Cómo se forma: Present perfect

Para formar el present perfect, usa **have** o **has** seguido de un past participle.

sujeto	have/has	past participle	resto de la oración
I	have	finished	dinner.

Usa **have** o **has** para formar el present perfect.

Para formar los past participles de verbos regulares, añade **ed** a la forma base.

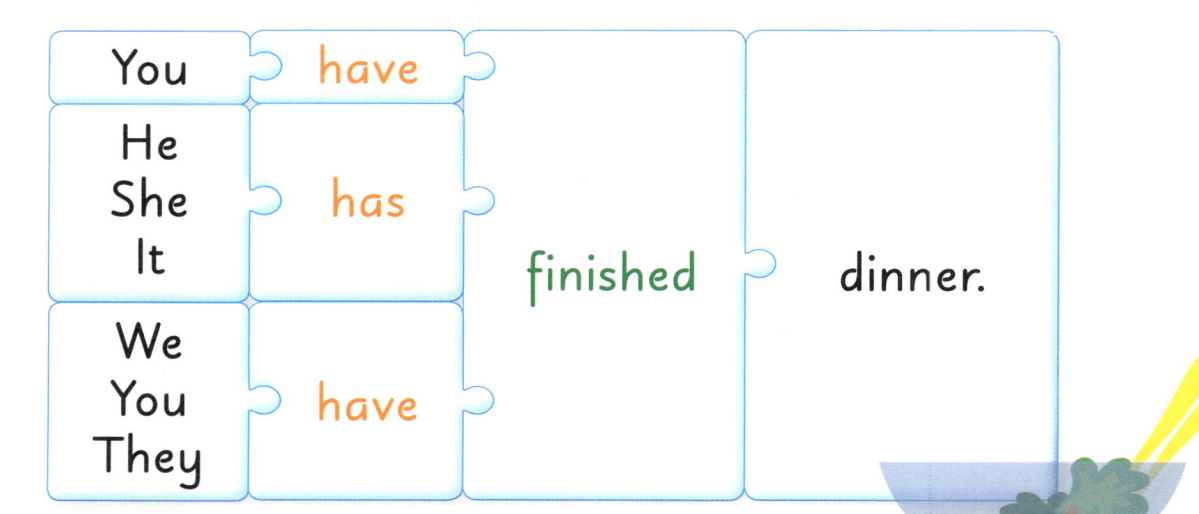

You	have		
He She It	has	finished	dinner.
We You They	have		

14.2 Usar el present perfect

Hay cinco modos de usar el present perfect.

I **have finished** lunch.

I **have visited** the museum five times.

Oh no! I **have dropped** my keys!

I **have painted** three pictures this morning.

I **have studied** English for two years.

Se suele usar **for** y **since** con el present perfect.

Cuándo se usa
Para dar noticias o para hablar de acontecimientos recientes sin especificar cuándo sucedieron.

Para hablar de acciones repetidas en el pasado.

Para hablar de acciones o estados del pasado que tienen una conexión con el momento presente.

Para hablar de una acción que ha sucedido durante un periodo de tiempo que aún no ha terminado.

Para hablar de una acción o estado que comenzó en el pasado, sigue en el presente y puede continuar en el futuro.

14.3 Present perfect: Contracciones de "to have"

Se suelen usar contracciones de **have** y **has**.

I have	You have	He has	She has	It has	We have	You have	They have
↓	↓	↓	↓	↓	↓	↓	↓
I've	You've	He's	She's	It's	We've	You've	They've

⚙ 14.4 Reglas de escritura: Past participles de verbos regulares

Para formar el past participle de verbos regulares, añade **ed** a la forma base.
A veces, la grafía de la forma base cambia un poco al añadir **ed**.

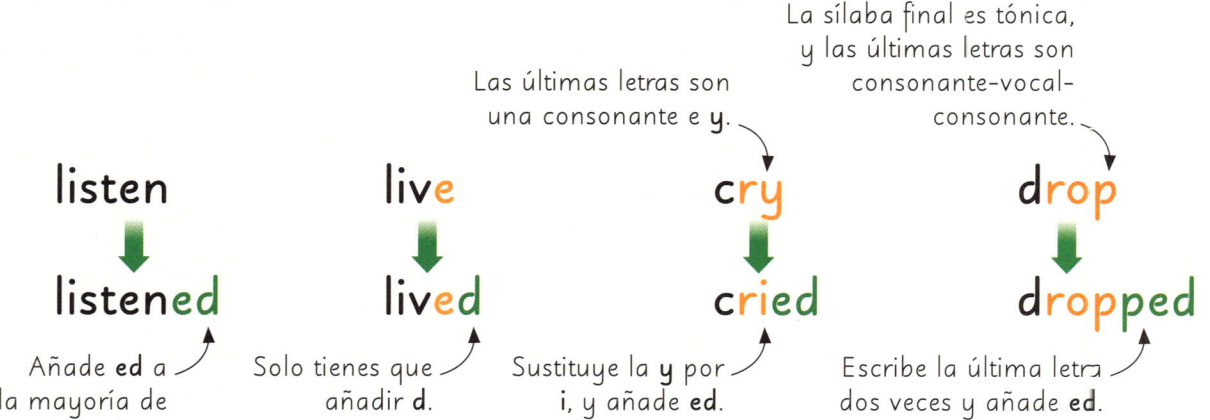

Las últimas letras son una consonante e **y**.

La sílaba final es tónica, y las últimas letras son consonante-vocal-consonante.

listen → **listened**
Añade **ed** a la mayoría de los verbos.

live → **lived**
Solo tienes que añadir **d**.

cry → **cried**
Sustituye la **y** por **i**, y añade **ed**.

drop → **dropped**
Escribe la última letra dos veces y añade **ed**.

Más ejemplos

She's **lived** in this house since 1975.

We've **arrived** in New York.

I've **watched** two movies this evening.

Claire **has joined** the soccer team.

I **have invited** my friends to my party.

14.5 Past participles de verbos irregulares

Hay muchos verbos en inglés con past participles irregulares que no terminan en **ed**. Estos son algunos de los past participles irregulares más comunes. Para ver una lista más larga, ve a R19.

go	be	have	do	come	see
↓	↓	↓	↓	↓	↓
gone	been	had	done	come	seen

14.6 "Gone" y "been"

Gone es el past participle de **to go**. **Been** es el past participle de **to be**.
Se usan ambos para hablar de ir a algún sitio, pero significan cosas diferentes.

Sara has gone to Spain.

Esto significa que Sara está todavía en España.

Sara has been to Spain.

Esto significa que Sara fue a España pero ya no está allí.

Más ejemplos

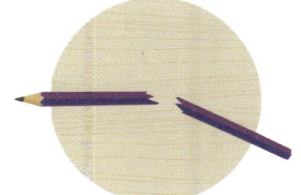

Look! You've **broken** your pencil!

Oh no! Andy **has forgotten** his book.

Maria is sad. She **has lost** her doll.

15 Present perfect negativo

Ver también:
Adverbios de tiempo **69**
Preposiciones de tiempo **74**

15.1 Cómo se forma: Present perfect negativo

Para formar el present perfect negativo, pon **not** entre **have** o **has** y el past participle.

I **have** been to the beach this year.

I **have not** been to the beach this year.

Pon **not** después de **have** o **has**.

Been es el past participle de **to be**.

Cuándo se usa
Para aprender cómo se usa el **present perfect**, ve a la Unidad 14.

15.2 Present perfect negativo: Contracciones de "have not" y "has not"

Se suele abreviar **have not** como **haven't**, y **has not** como **hasn't**.

have not → haven't

has not → hasn't

Have y **not** van juntos y la **o** se sustituye por un apóstrofo.

Has y **not** van juntos y la **o** se sustituye por un apóstrofo.

Más ejemplos

I **have not eaten** my breakfast yet.

We **haven't watched** television today.

She **hasn't flown** on a plane before.

16 Preguntas en present perfect

Ver también:
Adverbios de tiempo **69**
Preposiciones de tiempo **74**

 **16.1 Cómo se forma: Preguntas en present perfect**

Para hacer preguntas en present perfect,
pon **have** o **has** antes del sujeto.

You **have** been on a rollercoaster.

Have you been on a rollercoaster?

Pon **have** antes
del sujeto, **you**.

Cuándo se usa
Para aprender cómo se
usa el **present perfect**,
ve a la Unidad 14.

Más ejemplos

Have you read
this book?

Has it snowed
today?

Have they finished
their pictures yet?

Have you seen
my teddy bear?

Have you studied
English this week?

55

Tanto el past simple como el present perfect y el past continuous se usan para hablar del pasado, pero en diferentes situaciones.

17.1 Past simple

Para formar el past simple de la mayoría de los verbos regulares, añade **ed** a la forma base. Ve a la Unidad 8 para saber más.

Acción terminada en el pasado.

We baked ten cookies yesterday.

Cuándo se usa

Usa el **past simple** para hablar de una acción terminada que ha ocurrido en el pasado en un periodo de tiempo que ya ha terminado.

17.2 Present perfect

Para formar el present perfect, usa **have** o **has** seguido de un past participle. Ve a la Unidad 14 para saber más.

Esta acción ocurrió en un periodo de tiempo que aún no ha terminado.

We have eaten three cookies today.

Cuándo se usa

Usa el **present perfect** para hablar de una acción que ha ocurrido durante un periodo de tiempo que aún no ha terminado.

17.3 Comparar el past simple y el present perfect

We baked ten cookies yesterday.

We have eaten three cookies today.

AYER —— HOY

Esto sucedió durante un periodo de tiempo que ya ha terminado.

Esto ha sucedido durante un periodo de tiempo que aún no ha terminado. Puede que coman más galletas hoy.

17.4 Past continuous

Para formar el past continuous, utiliza **was** o **were** seguido de un present participle. Ve a la Unidad 11 para saber más.

It was a windy day and leaves were falling from the trees.

↳ Esto es contar una historia sobre el pasado.

At 6 o'clock last night, we were watching television.

↳ Esto es una acción sostenida del pasado.

Cuándo se usa

Usa el **past continuous** para contar una historia.

Cuándo se usa

Usa el **past continuous** para hablar de una acción sostenida del pasado.

17.5 Usar juntos el past simple y el past continuous

We were having dinner when the phone rang.

PASADO

AHORA

↳ La acción en past simple interrumpe la acción en past continuous.

18 "Going to"

Ver también:
Present simple **1**
Future: resumen **25**

18.1 Cómo se forma: "Going to"

Para formar oraciones con **going to**, usa **am**, **is** o **are** seguido de **going to** y después el verbo principal en su forma base.

sujeto	am/is/are	going to	forma base	resto de la oración
Sofia	is	going to	win	the race!

Usa **am**, **is** o **are** según el sujeto.

Going to permanece siempre invariable.

No añadas **s** a la forma base para **he**, **she** o **it**.

18.2 Usar "going to"

Hay dos formas de usar **going to**.

Cuándo se usa
Usa **going to** en predicciones sobre el futuro basadas en evidencias que ves o cuando sabes que algo va a ocurrir.

She is going to catch the ball.

Usa **going to** para hablar sobre planes o sobre una decisión que ya has hecho antes del momento presente.

I am going to ride my bike to school tomorrow.

Más ejemplos

He **is going to score**.

I'm going to read my book later.

They **are going to grow** some flowers.

Oh no! Max **is going to fall over**.

We're going to play video games after school.

We **are going to paint** some pictures.

¡RECUERDA!
Puedes usar contracciones del verbo **to be**.

I am ➡ I'm

Ve a 1.4 para saber más.

Careful! **You're going to drop** the drinks!

Look at the clouds! **It's going to rain** soon.

19 "Going to" negativo

Ver también:
Present simple negativo **2**
"Going to" **18**

 19.1 Cómo se forma: "Going to" negativo

Para formar oraciones negativas con **going to**, añade **not** antes de **going to**.

We **are going to** arrive on time.

We **are not going to** arrive on time.

⌐ Añade **not** antes de **going to**.

Cuándo se usa
Para saber cuándo usar oraciones con **going to**, ve a la Unidad 18.

Más ejemplos

It **is not going to snow** tomorrow.

He **isn't going to play** video games today.

¡RECUERDA!
Hay dos maneras de contraer **is not** y **are not**. Ve a 2.4 para saber más.

They're **not going to find** me!

20 Preguntas con "going to"

Ver también:
Preguntas en present simple **3**
"Going to" **18**

 20.1 Cómo se forma: Preguntas con "going to"

Para hacer preguntas con **going to**, pon **am**, **is** o **are** antes del sujeto. **Going to** y el verbo principal permanecen en la misma posición.

They are going to be late.

Are they going to be late?

└ Pon **are** antes del sujeto, **they**.

Cuándo se usa
Para aprender a usar oraciones con **going to**, ve a la Unidad 18.

Más ejemplos

Are you going to drink your juice?

Are we going to go to the beach today?

It's very cloudy outside. **Is it going to rain** soon?

Are you going to come to the park later?

Is she going to sing a song?

21 "Will"

Ver también:
"Going to" 18
Future: resumen 25

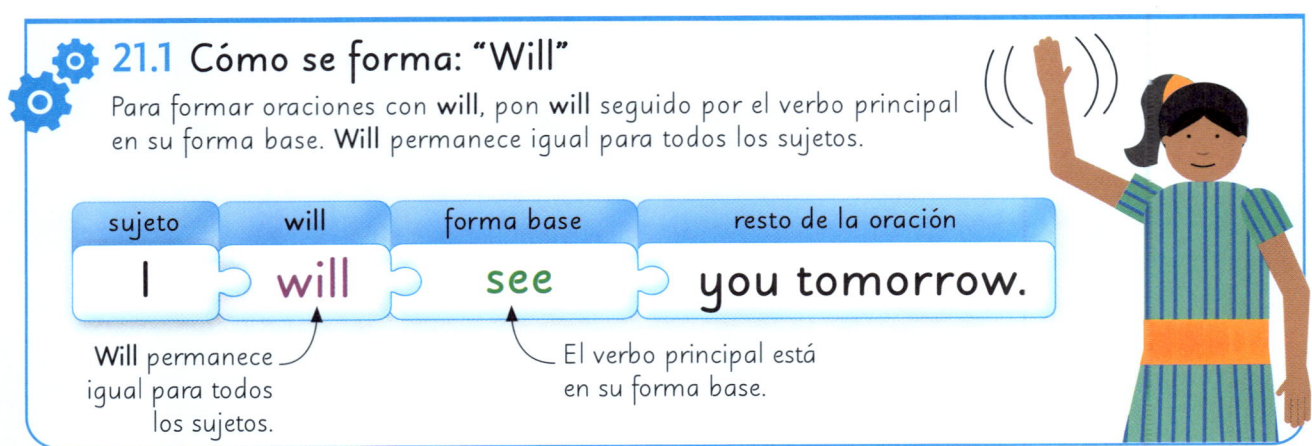

21.1 Cómo se forma: "Will"

Para formar oraciones con **will**, pon **will** seguido por el verbo principal en su forma base. **Will** permanece igual para todos los sujetos.

sujeto	will	forma base	resto de la oración
I	**will**	**see**	**you tomorrow.**

Will permanece igual para todos los sujetos.

El verbo principal está en su forma base.

21.2 Usar "will"

Hay cuatro formas de usar **will**.

Cuándo se usa
Usa **will** para hablar de una decisión que acabas de tomar.

I **will have** a glass of milk.

Usa **will** para hacer una promesa.

I **will call** you when I get home.

Usa **will** para hacer predicciones sin evidencia en el momento presente.

I think you **will love** this book.

Se suele usar **to think** para hacer una predicción sin evidencia.

Usa **will** al ofrecerte para hacer algo.

I **will help** you with those bags.

21.3 "Will": Contracciones

Se suele contraer **will** como 'll.

I will	You will	He will	She will	It will
↓	↓	↓	↓	↓
I'll	You'll	He'll	She'll	It'll

We will	You will	They will
↓	↓	↓
We'll	You'll	They'll

Más ejemplos

I think you'll **like** this cake. It's chocolate!

That box looks heavy. I'll **carry** it for you.

I don't like the blue hat, so I'll **buy** the red one.

I'll **have** a burger.

We'll **be** home by 6 o'clock.

22 "Will" en negativo

Ver también:
"Will" 21
Preguntas con "will" 23

22.1 Cómo se forma: "Will" en negativo

Para formar oraciones negativas con **will**, pon **not** después de **will**.

Amir will eat his dinner.

⬇

Amir will not eat his dinner.

Pon **not** después de **will**.

Cuándo se usa

Además de los usos de la Unidad 21, usa **will en negativo** cuando alguien o algo se niega a hacer alguna cosa.

22.2 "Will" negativo: contracción de "will not"

Se suele contraer **will not** como **won't**. **Won't** permanece invariable para todos los sujetos.

will not

⬇

won't

Won't es la contracción de **will not**.

Más ejemplos

You **won't like** this comic book. It's boring!

The dogs **will not come** inside.

I **won't be** late, I promise.

I **won't take** an umbrella with me.

Ver también:
"Will" **21**
Hacer preguntas **38**

 23.1 Cómo se forma: Preguntas con "will"

Para formar preguntas con **will**,
pon **will** antes del sujeto.

You will be at the concert tomorrow.

Will you be at the concert tomorrow?

Pon **will** antes
del sujeto, **you**.

Cuándo se usa
Usa **will** para preguntar
sobre el futuro o para pedir
a alguien que haga algo.

Más ejemplos

Will you call
me tomorrow?

Will it be a nice
day tomorrow?

**Will our team
win** the game?

Will you come to
my birthday party?

Will you take
a picture of us,
please?

24 Present para eventos futuros

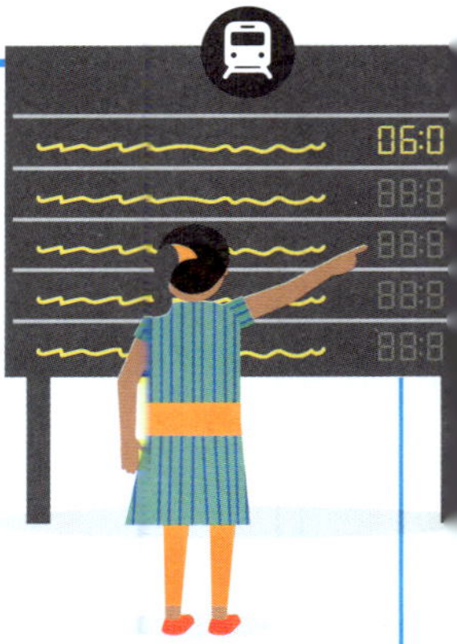

24.1 Cómo se forma:
Present simple para eventos futuros

sujeto	verbo	complemento de tiempo
The train	leaves	at 6 o'clock.

Este verbo está en present simple, pero el evento ocurre en el futuro.

Un complemento de tiempo nos indica que la acción es en el futuro.

Cuándo se usa
Usa el **present simple** para hablar de eventos que están planeados para el futuro.

Más ejemplos

06:54

The bus **arrives** in 10 minutes.

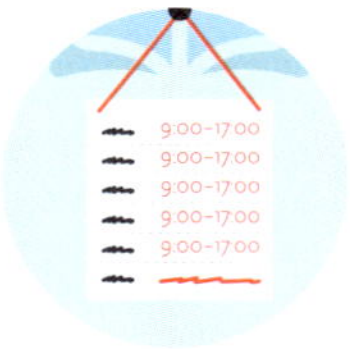

The store **opens** at 9 o'clock.

The movie **starts** at 3 o'clock.

I **have** band practice this afternoon.

Ver también:
"Going to" **18**
"Will" **21**

 24.2 Cómo se forma:
Present continuous para eventos futuros

sujeto	am/is/are	present participle	resto de la oración
I	am	having	pasta for dinner later.

Usa **am**, **is** o **are** según el sujeto.

Usa la forma de present participle del verbo.

Un complemento de tiempo nos indica que la acción es en el futuro.

Cuándo se usa
Usa el **present continuous** para hablar de eventos futuros que ya están planeados.

Más ejemplos

 I'm **going** to the fair tomorrow.

 They're **playing** badminton after school.

 We're **flying** to Mexico next week.

¡RECUERDA!
Para saber más sobre la formación del present simple, ve a la Unidad 1. Para saber más sobre la formación del present continuous, ve a la Unidad 4.

25 Future: resumen

Tanto **going to** como **will** se usan para hacer predicciones sobre el futuro y para hablar de decisiones que hemos tomado, pero en diferentes situaciones. También se usan los tiempos de presente para hablar de eventos futuros.

25.1 Usar "going to" y "will" para hacer predicciones

Usa **will** para hacer predicciones sobre el futuro cuando no hay evidencia en el presente.

I think Sara **will win** the race.

La carrera aún no ha empezado, así que no hay evidencia de que Sara vaya a ganar.

Usa **going to** para hacer predicciones sobre el futuro basadas en evidencias del presente.

Look, Sara is **going to win** the race!

Sara va er cabeza, por lo que hay evidencia de que va a ganar la carrera.

¡RECUERDA!
También se usa **will** para hacer promesas y ofrecimientos. Ve a la Unidad 21 para saber más.

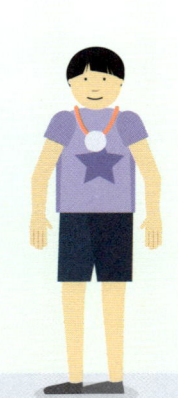

25.2 Usar "going to" y "will" para las decisiones

Usa **going to** para hablar de una decisión que ya has tomado antes del momento presente.

Esta decisión se ha tomado de antemano.

I'm going to buy a present for Ben.

Usa **will** para hablar de una decisión que acabas de tomar.

Esta decisión se tomó rápidamente en el momento de hablar.

I know! I will buy him a robot.

25.3 Usar el tiempo de presente para eventos futuros

Para saber cómo formar el **present simple**, ve a la Unidad 1. Para formar el **present continuous**, usa **am**, **is** o **are** seguido de un present participle. Ve a la Unidad 4 para saber más.

Cuándo se usa
Usa el **present simple** para hablar de eventos que está previsto que ocurran en el futuro.

The museum closes at 8 o'clock today.

We're having a party tonight.

Usa el **present continuous** para hablar de eventos futuros que ya están planeados.

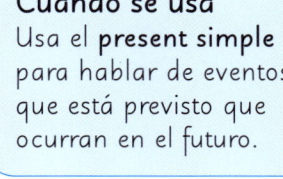

26 Imperativos

26.1 Cómo se forma: Imperativos

Para formar imperativos, usa la forma base del verbo.
No hay diferencia entre formas singulares y plurales.
No hay formas formales o informales.

Cuándo se usa
Usa **imperativos** para decirle a alguien que haga algo.

forma base

Listen!

Después de un imperativo se suele poner un signo de exclamación.

Para formar imperativos, usa la forma base del verbo.

forma base | resto de la oración

Open your books, please.

Después de un imperativo puede ir un objeto directo.

Añade **please** para que los imperativos sean más formales.

Open your books, please.

Ver también:
Infinitivos y formas base **42**

26.2 Cómo se forma: Imperativos negativos

Para formar imperativos negativos, añade **do not** o **don't** antes de la forma base del verbo imperativo.

Don't	forma base
Don't	**run!**

Para decirle a alguien que no haga algo, coloca **don't** antes de la forma base.

Don't	forma base + please
Don't	**run, please.**

Cuándo se usa

Usa **imperativos negativos** para decirle a alguien que no haga algo o que deje de hacerlo.

Más ejemplos

 Sit **down**, please.

 Stand **up**.

Stop!

 Help!

 **Be** careful!

Don't touch that! It's hot.

 **Don't talk**, please.

  **Don't worry**, it's okay.

27 "Let's"

Ver también:
Infinitivos y formas base 42

Let's take a picture!

⚙ 27.1 Cómo se forma: "Let's"

Usa **let's** seguido de una forma base.

Let's	forma base	resto de la oración
Let's	take	a picture!

Let's aparece siempre en esta forma contraída.

Las oraciones con **let's** a veces terminan con un signo de exclamación.

Let's bake **some cookies.**

Let's learn **English!**

Cuándo se usa
Usa **let's** para sugerir una actividad que incluye al hablante.

Más ejemplos

Let's read a book!

Let's go swimming.

Let's play video games.

Let's buy some ice cream.

Let's play in the yard.

Let's go to the park!

Let's paint the robot's head.

Let's sing and **dance**!

Ver también:
Respuestas cortas **39**
Tag questions **41**

28 Verbos modales

28.1 Cómo se forma: Verbos modales

Los verbos modales se comportan de manera diferente a los verbos normales. No cambian de forma según el sujeto. Suelen ir seguidos de un verbo principal en su forma base.

sujeto	verbo modal	forma base	resto de la oración
I			
You			
He She It	can	catch	a ball.
We You They			

El verbo modal permanece igual con todos los sujetos. No añadas **s** para **he**, **she** o **it**.

El verbo principal está en su forma base.

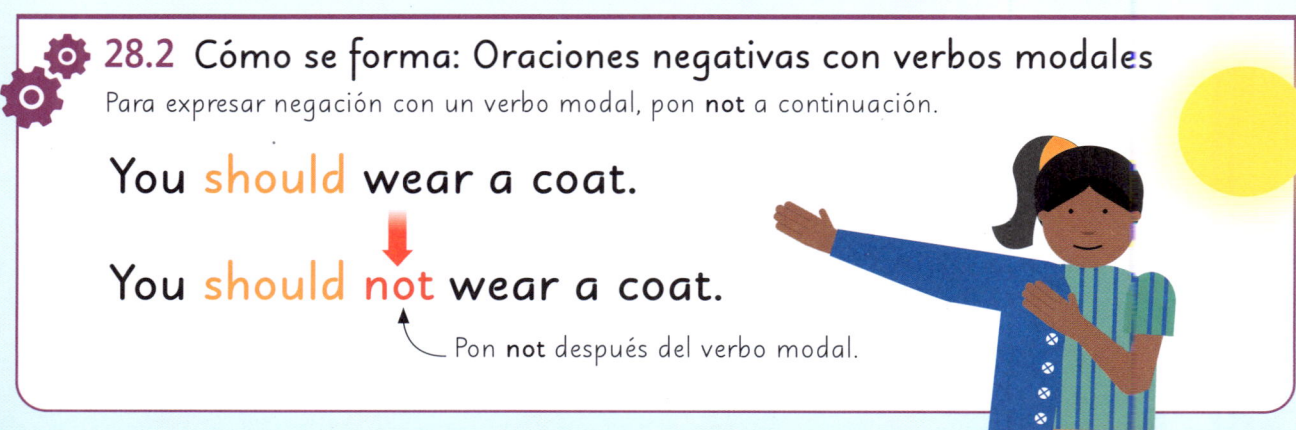

28.2 Cómo se forma: Oraciones negativas con verbos modales

Para expresar negación con un verbo modal, pon **not** a continuación.

You **should** wear a coat.

You **should not** wear a coat.

Pon **not** después del verbo modal.

Usar verbos modales

Los verbos modales en inglés son verbos especiales. Se usan para hablar de diferentes cosas, como posibilidades y obligaciones.

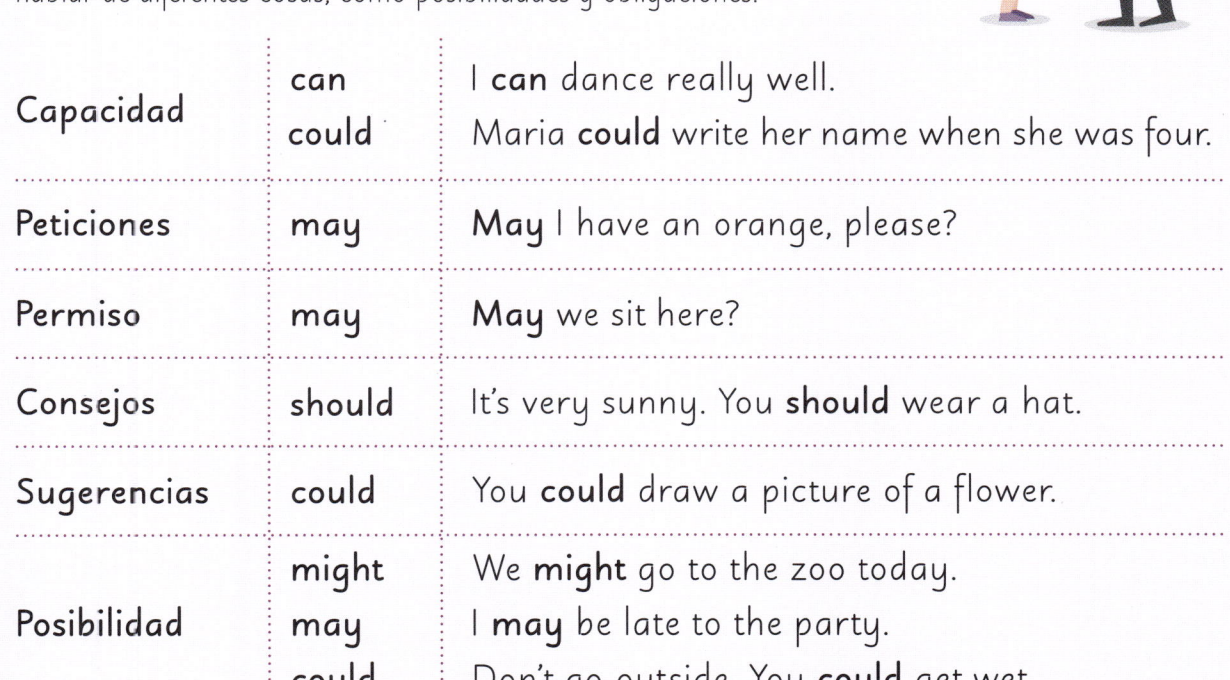

Capacidad	can	I **can** dance really well.
	could	Maria **could** write her name when she was four.
Peticiones	may	**May** I have an orange, please?
Permiso	may	**May** we sit here?
Consejos	should	It's very sunny. You **should** wear a hat.
Sugerencias	could	You **could** draw a picture of a flower.
Posibilidad	might	We **might** go to the zoo today.
	may	I **may** be late to the party.
	could	Don't go outside. You **could** get wet.
Obligaciones	must	I **must** remember to do my homework.

⚙ 28.3 Cómo se forma: Preguntas con verbos modales

Para hacer preguntas con verbos modales, pon el verbo modal antes del sujeto.

You can play baseball.

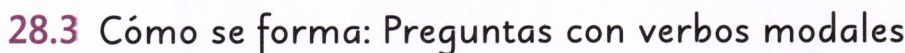

Can you play baseball?

↳ Pon el verbo modal antes del sujeto.

29 "Can" para capacidad

 29.1 Cómo se forma: "Can" para capacidad presente

Can es un verbo modal. Pon **can** antes del verbo principal en su forma base. **Can** permanece igual para todos los sujetos. No añadas **s** para **he, she** o **it**.

sujeto	can	forma base	resto de la oración
I	can	play	the piano.

Usa la forma base del verbo principal.

Cuándo se usa
Usa **can** para hablar de cosas que alguien o algo es capaz de hacer

 29.2 Cómo se forma: Oraciones negativas con "can"

Para formar una oración negativa con **can**, añade **not** al final de **can** para formar **cannot**. Se suele contraer **cannot** como **can't**. Cannot y can't permanecen iguales para todos los sujetos.

I **can play** the piano.

I **cannot play** the piano.

Cannot es una sola palabra. Se suele contraer como **can't**.

Cuándo se usa
Usa **cannot** o **can't** para hablar de cosas que alguien o algo no es capaz de hacer.

 29.3 Cómo se forma: Preguntas con "can"

Para hacer preguntas con **can**, pon **can** antes del sujeto.

You **can play** the piano.

Can you **play** the piano?

Can va antes del sujeto, **you**.

Cuándo se usa
Usa **can** para preguntar si alguien o algo es capaz de hacer algo.

Ver también:
"Might", "may" y "could" **32**
"Could" para sugerencias **33**

Más ejemplos

I **can paint** pretty flowers.

They **can read**.

It **can catch** a ball.

The tortoise **cannot walk** fast.

He **can't sing** very well.

She **can't hear** the music.

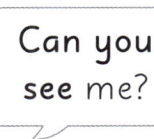

Can you see me?

Can he ski?

Can she ride a bike?

29.4 Cómo se forma: "Could" para capacidad en el pasado

Could es la forma en pasado de **can**. Usa **could** seguido del verbo principal en su forma base.
Could permanece igual para todos los sujetos.
No añadas **s** para **he**, **she** o **it**.

sujeto	could	forma base	resto de la oración
We	could	see	the moon last night.

Could permanece igual para todos los sujetos.

Cuándo se usa
Usa **could** para hablar de cosas que alguien o algo era capaz de hacer en el pasado.

29.5 Cómo se forma: Oraciones negativas con "could"

Para formar oraciones negativas con **could**, pon **not** después de **could**. Se suele contraer **could not** como **couldn't**.

We **could** **see** the moon last night.

We **could** **not** **see** the moon last night.

Pon **not** después de **could**. — Se suele contraer **could not** como **couldn't**.

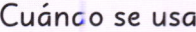

Cuándo se usa
Usa **could not** o **couldn't** para hablar de cosas que alguien o algo era incapaz de hacer en el pasado.

29.6 Cómo se forma: Preguntas con "could"

Para hacer preguntas con **could**, pon **could** antes del sujeto.

You **could** **see** the moon last night.

Could you **see** the moon last night?

Pon **could** antes del sujeto, **you**.

Cuándo se usa
Haz preguntas con **could** para preguntar si alguien o algo era capaz de hacer algo en el pasado.

Más ejemplos

I **could read** when I was five.

He **could hear** the birds singing.

Maria **could understand** all the teacher's questions.

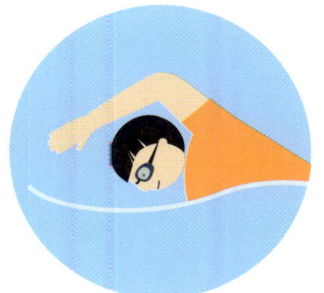

I **couldn't ride** my bike last week. It was broken.

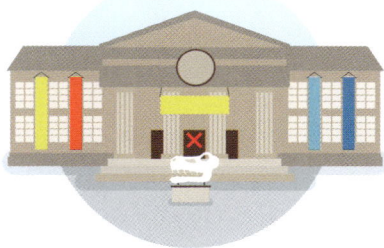

We **couldn't visit** the museum yesterday because it was closed.

Andy **couldn't lift** the box because it was too heavy.

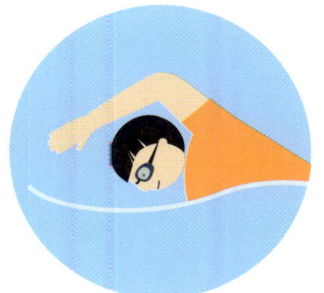

Could you swim when you were four?

Could Dad snowboard when he was a child?

Could you answer all the questions on the math test?

30 "May" para peticiones y permisos

Ver también:
Verbos modales **28**
"Might", "may" y "could" **32**

> Yes, you may.

> May I **have** an apple, please?

30.1 Cómo se forma: "May" para peticiones y permisos

May es un verbo modal y permanece igual con todos los sujetos. Para hacer preguntas con **may**, pon **may** antes del sujeto.

May	sujeto	forma base	resto de la oración
May	I / we	have	an apple, please?

Se suele usar I o **we** para hacer una petición o pedir permiso.

30.2 Usar "may" para peticiones y permisos

May I **have** a pear, please?

May permanece igual para todos los sujetos.

Cuándo se usa
Usa **may** para pedir algo.

May we **play** outside?

May se pone antes del verbo principal en su forma base.

Usa **may** para pedir permiso para algo.

Más ejemplos

May I buy a new toy?

May we play soccer?

May we go to the fair?

May we have some juice, please?

May I hold your rabbit?

May I eat a cookie?

May I have some ice cream?

May we visit Grandma again soon?

May I wear my new dress tonight?

81

31 "Must", "have to" y "have got to"

Ver también:
Present simple **1**
Verbos modales **28**

> I **must** go now, my dinner is ready.

31.1 Cómo se forma: "Must", "have to" y "have got to"

Must es un verbo modal. Usa **must** seguido de una forma base. **Must** permanece igual para todos los sujetos. **Have to** se convierte en **has to**, y **have got to** se convierte en **has got to** para **he**, **she** e **it**.

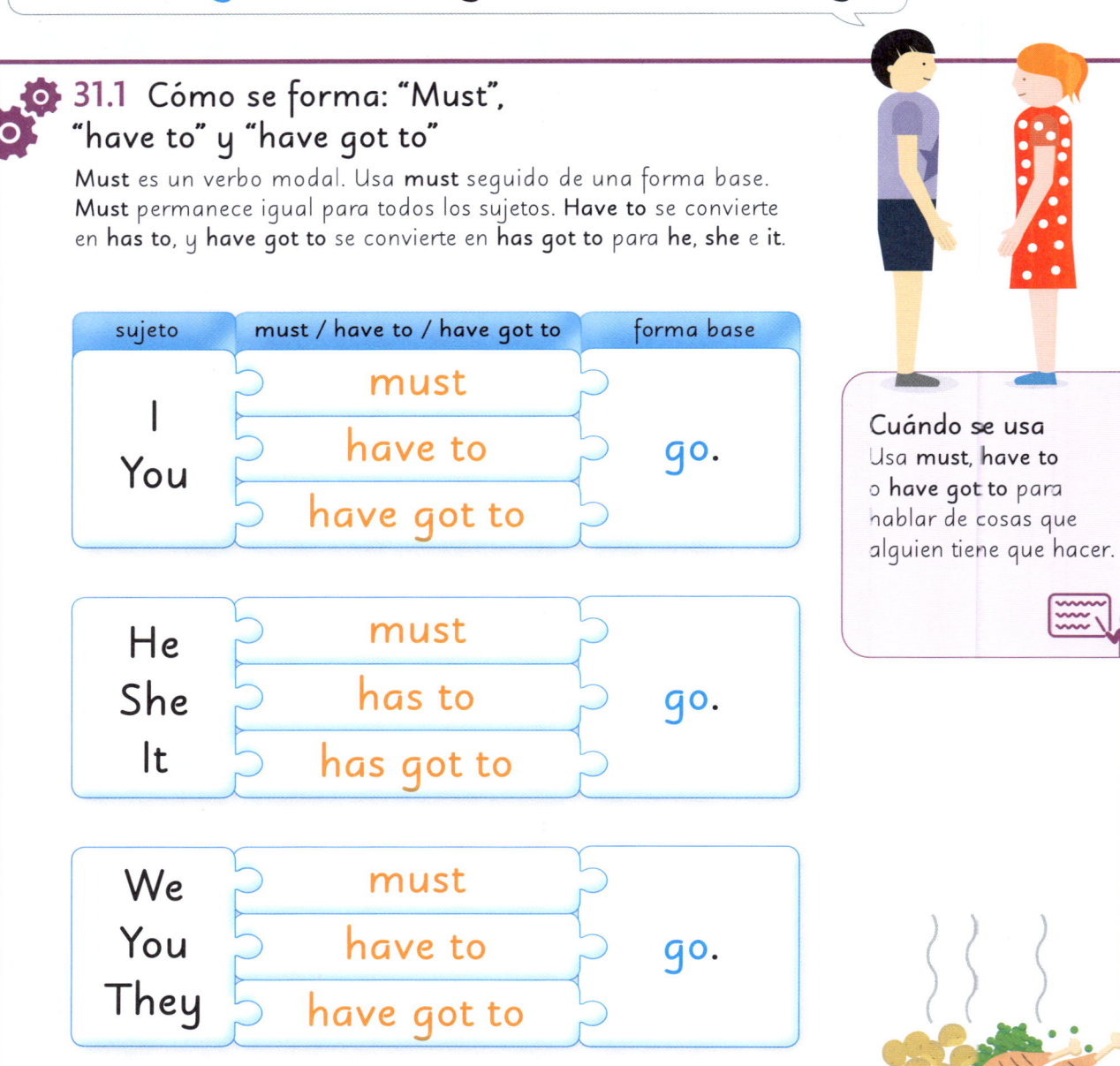

sujeto	must / have to / have got to	forma base
I You	must / have to / have got to	go.
He She It	must / has to / has got to	go.
We You They	must / have to / have got to	go.

Cuándo se usa
Usa **must**, **have to** o **have got to** para hablar de cosas que alguien tiene que hacer.

82

Más ejemplos

I **must wear** a coat because it's raining.

Andy **has to eat** all his vegetables.

I **have to get up** for school now.

Sofia **has got to clean** her room.

He **must finish** his letter before dinner.

She**'s got to practice** her trumpet.

NOTA
En oraciones con **have to**, puedes contraer **have to** como 've to y **has to** como 's to.

We **must run** to catch the bus.

They **have to wear** a uniform to school.

31.2 Cómo se forma: Oraciones negativas con "must"

Para formar oraciones negativas con **must**,
pon **not** después de **must**.

Cuándo se usa
Usa **must not** o **mustn't** cuando no está permitido hacer algo.

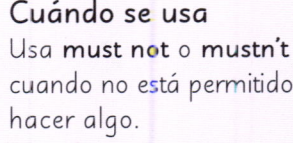

You **must** be careful in science class.

You **must** **not** touch the fire.

Pon **not** después de **must**.

NOTA
Las formas negativas de **must** y **have to / have got to** no significan lo mismo.

Más ejemplos

You **must not drop** litter.

You **must not use** a calculator on the test.

You **must not swim** in the ocean today.

31.3 Cómo se forma: Oraciones negativas con "have to" y "have got to"

Para formar oraciones negativas con **have to**, pon **do not** o **does not** antes de **have** o **has**, pero cambia **has** a su forma base, **have**. Se suelen contraer **do not** como **don't**, y **does not** como **doesn't**.

She **has to go** to school on Mondays.

↓

She **does not have to go** to school at the weekend.

Pon **do not** o **does not** antes de **have** o **has**.

To have está en su forma base.

Para formar oraciones negativas con **have got to**, pon **not** después de **have** o **has**. Se suele contraer **have not** como **haven't** y **has not** como **hasn't**.

She **has got to walk** to school today.

↓

She **has not got to walk** to school today.

Pon **not** después de **have** o **has**.

> **Cuándo se usa**
> Usa **do not have to** o **have not got to** cuando no necesitas hacer algo o cuando se te permite hacer algo pero no es necesario.

Más ejemplos

Sofia **doesn't have to leave** the party yet.

You **haven't got to go** to bed yet.

We **don't have to sing** in the concert. We could play our guitars!

31.4 Cómo se forma: Preguntas con "have to" y "have got to"

No se suelen hacer preguntas con **must**. Para hacer preguntas con **have to**, pon **do** o **does** antes del sujeto y cambia **has** a su forma base, **have**.

He **has to** **go** to bed.

Does he **have to** **go** to bed?

Usa **do** para I, you, we, you o they.
Usa **does** para he, she o it.

Cuándo se usa
Usa preguntas con **have to** o **have got to** para preguntar sobre cosas que alguien tiene que hacer.

Para hacer preguntas con **have got to**, pon **have** o **has** antes del sujeto.

He **has got to** **go** to bed.

Has he **got to** **go** to bed?

Pon **has** antes del sujeto, **he**.

Más ejemplos

Do I have to take a hat with me?

Does he have to stay at home today?

Do they have to wear a uniform to work?

31.5 Cómo se forma: Pasado de "have to"

No existe una forma en pasado de **must** o **have got to**. **Had to** es la forma en pasado de **have to**. Usa **had** seguido de una forma base. **Had to** permanece igual para todos los sujetos. No añadas **s** para **he**, **she** o **it**.

Cuándo se usa
Usa **had to** para hablar sobre cosas que alguien tuvo que hacer en el pasado.

sujeto	had to	forma base	resto de la oración
I	**had to**	**clean**	my cleats after soccer.

↳ **Had to** permanece igual para todos los sujetos.

Más ejemplos

I **had to get up** early yesterday.

He **had to answer** ten questions on the test.

They **had to paint** a picture today.

We **had to catch** a bus into town because my bike was broken.

They **had to whisper** in the library.

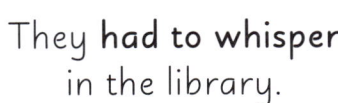

32 "Might", "may" y "could" para posibilidad

Ver también:
Verbos modales **28**
"Can" para capacidad **29**

We **might go** to the fair today, but we're not sure.

32.1 Cómo se forma: "Might" y "may" para posibilidad

Might y **may** son verbos modales. Usa **might** o **may** seguido de una forma base. **Might** y **may** permanecen iguales para todos los sujetos. No añadas **s** para **he**, **she** o **it**.

sujeto	might/may	forma base	resto de la oración
We	might / may	go	to the fair today.

Might y **may** significan lo mismo.

Cuándo se usa
Usa **might** o **may** para hablar de algo que posiblemente está ocurriendo o va a ocurrir, o de algo que es incierto.

32.2 Cómo se forma: Oraciones negativas con "might" y "may"

Para formar oraciones negativas con **might** o **may**, pon **not** después de **might** o **may**.

We **might go** to the fair today.

⬇

We **might not go** to the fair today.

Pon **not** después de **might** o **may**.

Más ejemplos

The cat **may be** asleep.

They **might play** a board game later.

He **might not hit** the ball.

Andy **may not go** to school today because he is sick.

She **might paint** a picture of a house.

Look at those clouds. It **might rain**.

32.3 Cómo se forma: "Could" para posibilidad

Could es un verbo modal. Usa **could** seguido de una forma base. **Could** permanece igual para todos los sujetos. No añadas **s** para **he**, **she** o **it**.

sujeto	could	forma base	resto de la oración
It	could	snow	today. It's very cold.

Could permanece igual para todos los sujetos.

Cuándo se usa
Usa **could** para hablar de cosas con posibilidad de ocurrir o de ser verdad. La forma negativa no puede usarse en este contexto.

Más ejemplos

Andy is very tired. He **could fall** asleep.

Don't drop that! It **could break**.

They're playing really well. They **could win** the game!

Be careful! You **could fall over**!

Cycling without a helmet **could be** dangerous.

33 "Could" para sugerencias

Ver también:
Verbos modales **28**
"Can" para capacidad **29**

You **could** play a game.

33.1 Cómo se forma: "Could" para sugerencias

Could es un verbo modal. Usa **could** seguido de la forma base. **Could** permanece igual para todos los sujetos. No añadas **s** para **he**, **she** o **it**.

Cuándo se usa
Usa **could** para hacer una sugerencia. Puedes decir **or** para darle a la otra persona más de una opción.

sujeto	could	forma base	resto de la oración
You	could	play	a game.

Could permanece igual para todos los sujetos.

Más ejemplos

Maria **could wear** her new shoes to Grandma's today.

It's a sunny day. We **could go** to the beach or the lake.

You **could put on** a sweater.

I'm cold!

34 "Should"

Ver también:
Verbos modales 28
"Could" para sugerencias 33

It's windy today. You should wear a coat.

34.1 Cómo se forma: "Should"

Should es un verbo modal. Usa **should** seguido de una forma base.
Should permanece igual para todos los sujetos. No añadas **s** para
he, **she** o **it**.

sujeto	should	forma base	resto de la oración
You	should	wear	a coat.

Should permanece igual para todos los sujetos.

Cuándo se usa
Usa **should** para
dar o pedir consejo.

34.2 Cómo se forma: Oraciones negativas y preguntas con "should"

Para formar oraciones negativas con **should**, pon **not** después de **should**.
Se suele contraer **should not** como **shouldn't**.

You should go outside.

You should not go outside.

Para hacer preguntas con **should**, pon **should** antes del sujeto.

We should take an umbrella.

Should we take an umbrella?

Pon **should** antes del sujeto, **we**.

Más ejemplos

It's 7 o'clock. Maria **should get up**.

The puppy **shouldn't eat** that!

Should we buy some cereal for our camping trip?

It's very hot today. You **should drink** lots of water.

Amy **shouldn't stay up** late. She has school tomorrow.

They **should go** camping in the summer when it's warm.

Should Sara bake a cake or some cookies?

You **should try** this cake. It's delicious!

35 "Would like"

Ver también:
Infinitivos y formas base 42
Sustantivos 50

> I would like an ice cream.

> I would like to go to the park.

35.1 Cómo se forma: "Would like"

Would es un verbo modal. Añade la forma base de **like** para formar **would like**. **Would like** permanece igual para todos los sujetos. **Would like** puede ir seguido por un sustantivo o por un infinitivo con **to**.

sujeto	would like	sustantivo
I	would like	an ice cream.

sujeto	would like	infinitivo	resto de la oración
I	would like	to go	to the park.

Al usarlo con un verbo, **would like** va seguido de un infinitivo con **to**.

Cuándo se usa
Usa **would like** con u[n] sustantivo para pedir algo de manera form[al].

Usa **would like** con un verbo para decir de manera formal qu[e] quieres hacer algo.

Más ejemplos

Ben **would like** to play a game.

I **would like** another glass of juice, please.

He'd **like** to read a book.

35.2 Cómo se forma: Preguntas con "would like"

Para hacer preguntas con **would like**, pon **would** antes del sujeto.

You **would like** some ice cream.

Would you **like** some ice cream?

Pon **would** antes del sujeto, **you**.

Like permanece en la misma posición.

Cuándo se usa
Usa **would like** y un sustantivo para preguntar de manera formal si otra persona quiere algo.

You **would like** to go to the park.

Would you **like** to go to the park?

Usa **would like** y un infinitivo para preguntar de manera formal si otra persona quiere hacer algo.

Más ejemplos

NOTA
Puedes contraer **would** como **'d**.

I would like ➡ I'd like

Ve a 320 para saber más.

Would you like to play with me?

Would you like an apple?

Would you like to draw a picture?

Would you like some help with your homework?

36 Zero conditional

Ver también:
Present simple **1**
Imperativos **26**

When it snows,
we build a snowman.

36.1 Cómo se forma: Zero conditional

Para formar el zero conditional, usa **if** o **when** seguido de una acción o situación, y después el resultado de esa acción o situación. Ambas partes van en present simple.

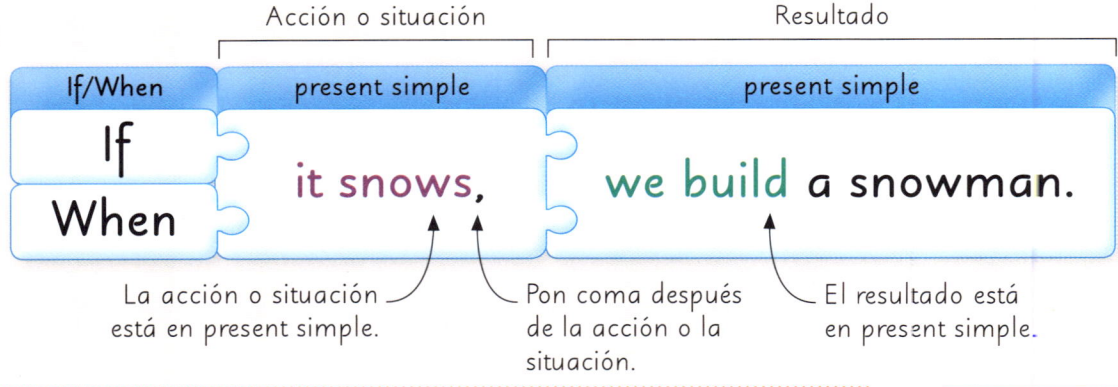

Acción o situación · Resultado

If/When	present simple	present simple
If / When	it snows,	we build a snowman.

La acción o situación está en present simple.

Pon coma después de la acción o la situación.

El resultado está en present simple.

Puedes formar estas oraciones de otra manera poniendo el resultado antes de la acción o situación. No se pone coma en este caso.

When it snows, we build a snowman.

We build a snowman when it snows.

No hay coma.

Cuándo se usa
Usa el **zero conditional** para hablar de algo que siempre ocurre como resultado de una acción o situación.

Cómo se forma: El zero conditional con imperativo

También puedes usar el zero conditional seguido de un imperativo.

	Acción o situación	Acción sugerida
If/When	present simple	imperativo
If **When**	**you're cold,**	**wear** a warm coat.

La acción o situación → está en present simple.

La acción sugerida ← es un imperativo.

Cuándo se usa
Usa el **zero conditional** con **imperativo** para decirle a alguien lo que debe hacer si tiene lugar una acción o situación.

NOTA
Puedes poner la acción sugerida antes de la acción o situación. En este caso, no se pone coma.

Más ejemplos

I play with my toys if I'm bored.

When it rains, we can't play in the yard.

When I'm tired, I go to bed early.

When the dog is hungry, give it some food.

If you're thirsty, drink some water.

Go to the doctor if you're ill.

37 First conditional

Ver también:
Present simple **1**
"Will" **21**

> If we win the competition, we'll get a trophy.

37.1 Cómo se forma: First conditional

Para formar el first conditional, pon **if** seguido de una acción o situación en present simple, y después del resultado con **will**.

	Acción o situación probable		Resultado futuro
If	present simple		will
If	**we win** the competition,		**we'll get** a trophy.

La acción o situación está en present simple.

Pon coma tras la acción o situación.

El resultado usa **will**.

Puedes formar estas oraciones de otra manera poniendo el resultado futuro antes de la acción o situación probable. No se pone coma en este caso.

If we win the competition, **we'll get** a trophy.

We'll get a trophy if **we win** the competition.

No se pone coma.

¡RECUERDA!
Se suele contraer **will** como **'ll**. Ve a 21.3 para saber más.

Cuándo se usa
Usa el **first conditional** para hablar del resultado probable de una acción o situación probable.

Más ejemplos

If **I drop** this,
it **will break**.

You'll feel better if
you take this medicine.

If **I clean** my room,
Mom will be happy.

He'll fall off if
he's not careful.

If **it's sunny** tomorrow,
we'll go to the beach.

If **we get** a dog,
we'll walk it every day.

They'll win
the game if **he**
catches the ball!

38 Hacer preguntas

Ver también:
Present simple **1**
Palabras interrogativas **40**

Hay dos formas de hacer preguntas en inglés: poner el verbo delante del sujeto o usar **do**, **does** o **did**.

38.1 Cómo se forma: Preguntas en present simple

Para hacer preguntas en present simple con verbos que no sean ni **to be** ni verbos modales, usa **do** o **does** y pon el verbo principal en su forma base. No añadas **s** al verbo principal.

She likes board games.

Does she like board games?

Añade **do** o **does**.

El verbo principal está en la forma base.

38.2 Cómo se forma: Preguntas en past simple

Para hacer preguntas en past simple con verbos que no son **to be**, usa **did** y pon el verbo principal en la forma base. No uses la forma de past simple del verbo. **Did** permanece igual para todos los sujetos.

He played basketball.

Did he play basketball?

Pon **did** al comienzo de la oración.

El verbo principal está en la forma base.

38.3 Cómo se forma: Preguntas en present simple con "to be"

Para hacer preguntas en present simple con **to be**, pon **am**, **is** o **are** antes del sujeto.

He **is** tall.

Is he tall?

Pon **am**, **is** o **are** antes del sujeto.

38.4 Cómo se forma: Preguntas en past simple con "to be"

Para hacer preguntas en past simple con **to be**, pon **was** o **were** antes del sujeto.

It **was** windy.

Was it windy?

Pon **was** o **were** antes del sujeto.

38.5 Cómo se forma: Preguntas con verbos modales

Para hacer preguntas con verbos modales, pon el verbo modal antes del sujeto. El verbo principal queda en la misma posición.

They **can** sing well.

Can they sing well?

Pon el verbo modal antes del sujeto.

38.6 Cómo se forma: Preguntas en present perfect

Para hacer preguntas en present perfect, pon **have** o **has** antes del sujeto. El past participle queda en la misma posición.

She **has** won.

Has she won?

Pon **have** o **has** antes del sujeto.

39 Respuestas cortas

Al responder a una pregunta, a veces se pueden omitir algunas palabras.
Esto se llama respuesta corta y es muy común en inglés hablado.

⚙ 39.1 Cómo se forma: Con "to be"

Si una pregunta comienza con **to be**, usa **to be** en el mismo tiempo verbal en la respuesta corta.

Are you hungry?

Yes, I am.

No, I'm not.

⚙ 39.2 Cómo se forma: Con "to do"

Si una pregunta comienza con **do**, **does** o **did**, usa la misma forma en la respuesta corta.

Do you like burgers?

Yes, I do.

No, I don't.

Más ejemplos

Is it your tortoise?
Yes, **it is**.

Were you at school yesterday?
Yes, **we were**.

Was he studying English?
No, **he wasn't**.

Más ejemplos

Do you like apples?
Yes, **I do**.

Does he wake up early?
No, **he doesn't**.

Did you win the game?
Yes, **we did**!

Ver también:
Verbos modales **28**
Hacer preguntas **38**

⚙ 39.3 Cómo se forma: Con "to have"

Si una pregunta comienza con **have** o **has**, usa la misma forma de **have** en la respuesta corta.

Have you read this book?

Yes, I have.

No, I haven't.

⚙ 39.4 Cómo se forma: Con verbos modales

Si una pregunta comienza con un verbo modal, usa el mismo verbo modal en la respuesta corta.

Can you play the violin?

No, I can't.

Yes, I can.

Más ejemplos

Has he bought a fish?
Yes, **he has**.

Have we got to leave?
Yes, **we have**.

Have they finished their dinner?
No, **they haven't**.

Más ejemplos

Would you like a piece of cake?
Yes, **I would**.

Should she clean her boots?
Yes, **she should**.

Can we watch TV?
No, **you can't**.

40 Palabras interrogativas

Para hacer preguntas que no se responden simplemente
con **yes** o **no**, se usan las palabras interrogativas.

Ver también:
Hacer preguntas **38**

40.1 "Who"

Usa **who** para preguntar sobre personas.

Who is your best friend?

You are!

40.2 "Whose"

Usa **whose** para preguntar a quién
pertenece algo.

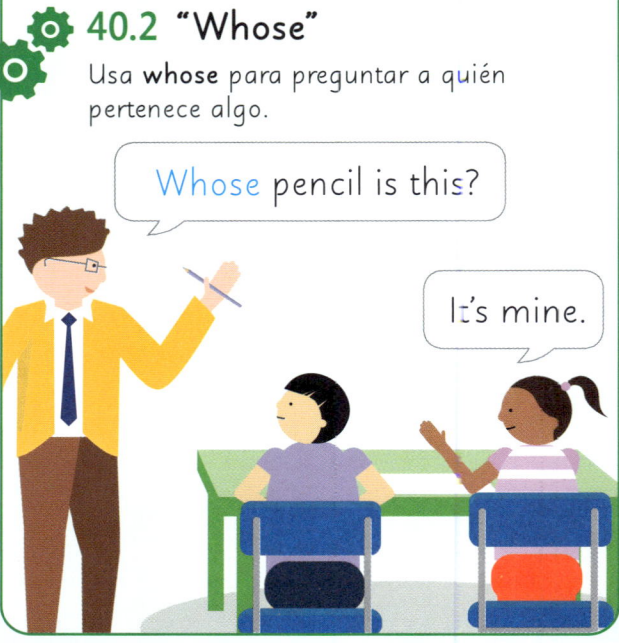

Whose pencil is this?

It's mine.

40.3 "Where"

Usa **where** para preguntar sobre lugares,
para pedir indicaciones de lugar o para
encontrar personas o cosas.

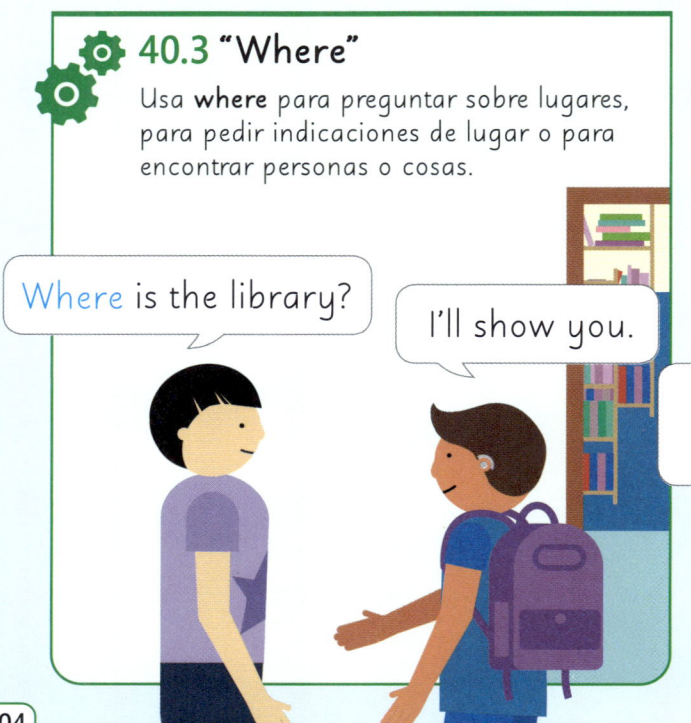

Where is the library?

I'll show you.

40.4 "When"

Usa **when** para preguntar sobre aspectos
temporales.

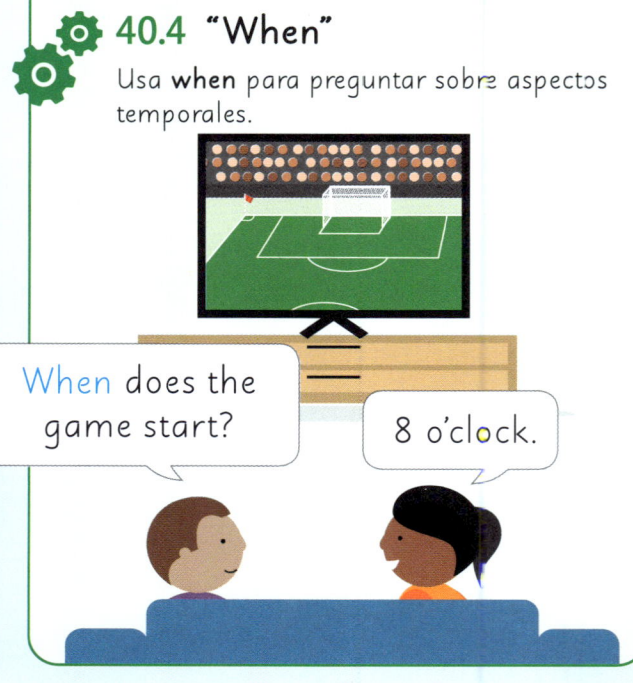

When does the
game start?

8 o'clock.

40.5 "What"

Usa **what** para preguntar sobre cosas.

What are you doing?

I'm playing.

40.6 "Which"

Usa **which** para pedirle a alguien que elija entre dos o más cosas.

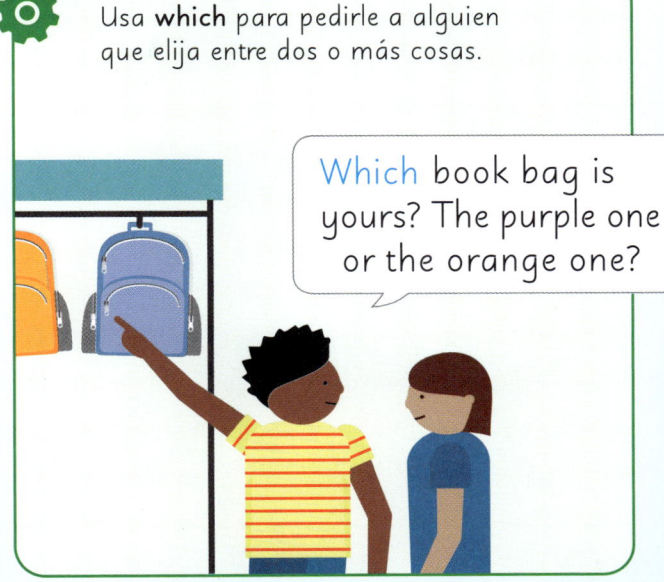

Which book bag is yours? The purple one or the orange one?

40.7 "What" y "which"

Usa **what** para hacer preguntas generales sobre cosas. Usa **which** cuando hay dos o más opciones entre las que escoger.

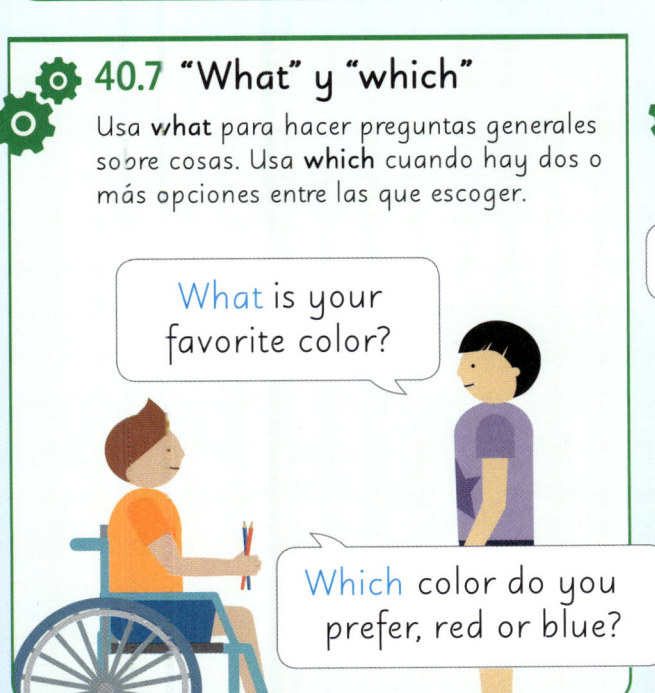

What is your favorite color?

Which color do you prefer, red or blue?

40.8 "Why"

Usa **why** para preguntar por razones.

Why are you crying?

I broke my skateboard.

40.9 "How"

Usa **how** para pedir más detalles sobre algo o para preguntar sobre la forma en que se hace algo.

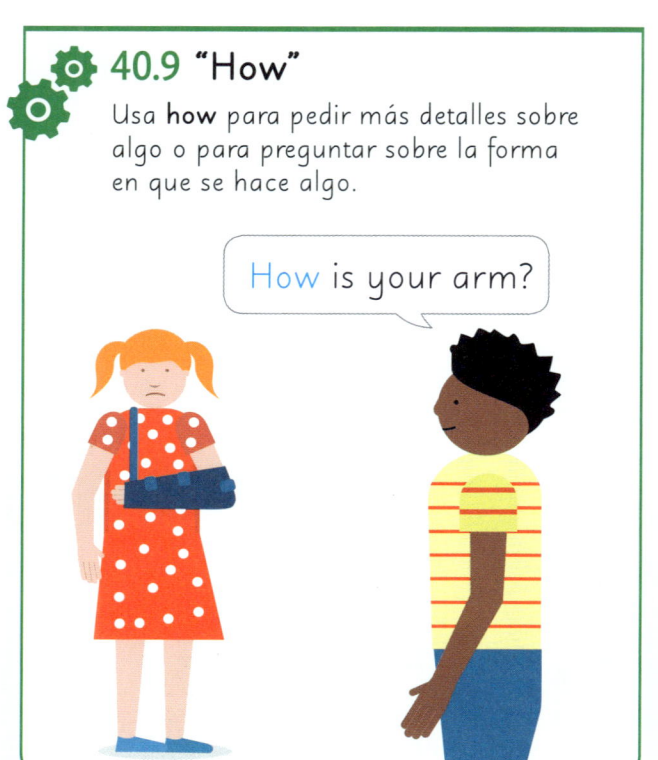

How is your arm?

40.10 "How often"

Usa **how often** para preguntar cuántas veces alguien hace algo.

How often do you play tennis?

I play tennis twice a week.

40.11 "How many"

Usa **how many** para preguntar por la cantidad de los sustantivos contables.

How many children are there in your class?

40.12 "How much"

Usa **how much** para hacer preguntas sobre la cantidad con los sustantivos incontables.

How much flour do we need?

Más ejemplos

Who	Para preguntar sobre personas.	**Who** caught the ball? **Who** is winning the race?
Whose	Para preguntar a quién pertenece algo.	**Whose** jacket is this? **Whose** dog is named Spot?
Where	Para preguntar por lugares, indicaciones o encontrar algo.	**Where** do you live? **Where** is she going?
When	Para preguntar sobre aspectos temporales.	**When** do you get up in the morning? **When** are we going to go on vacation?
What	Para preguntar sobre cosas.	**What** is your name? **What** is the time?
Which	Para pedir a alguien que elija entre dos o más cosas.	**Which** do you prefer, cats or dogs? **Which** coat is yours?
Why	Para preguntar por razones.	**Why** is he laughing? **Why** are you late?
How	Para pedir más detalles o para saber cómo se hace algo.	**How** do you spell "kitchen"? **How** did you get to school?
How often	Para preguntar cuántas veces hace algo alguien.	**How often** do you play basketball? **How often** do they go to the beach?
How many	Para preguntar por la cantidad de los sustantivos contables.	**How many** balloons are there? **How many** birds can you see?
How much	Para preguntar por la cantidad de los sustantivos incontables.	**How much** cake is there? **How much** juice would you like?

41 Tag questions

Ver también:
Verbos modales **28**
Hacer preguntas **38**

The gray dog
is very big, isn't it?

NOTA
Para enunciados con **I am**, la tag question negativa es **aren't I?**

41.1 Cómo se forma: Tag questions

Las tag questions son preguntas cortas que se añaden al final de un enunciado. Si el enunciado es positivo, la tag question debe ser negativa.

enunciado positivo	tag question negativa
The gray dog is very big,	isn't it?

El verbo es positivo. — La tag question es negativa.

Si el enunciado es negativo, usa una tag question positiva.

enunciado negativo	tag question positiva
The brown dog isn't very big,	is it?

El verbo es negativo. — La tag question es positiva.

Cuándo se usa
Usa **tag questions** para comprobar si están de acuerdo contigo o preguntar si lo que acabas de decir es correcto.

41.2 Usar tag questions con "to be"

Para oraciones con **to be**, usa **to be** en la tag question.

It is really hot today, isn't it?

El verbo es **to be**.

El verbo en la tag question es **to be**.

41.3 Usar tag questions con otros verbos

El tipo de tag question que uses depende del verbo de la primera parte de la oración.

Para la mayoría de los verbos en present simple, usa **do**, **does**, **don't** o **doesn't**.

You love dancing, don't you?

Para la mayoría de los verbos en past simple, usa **did** o **didn't**.

Ben played basketball today, didn't he?

Para los verbos modales, usa el mismo verbo modal en la tag question.

We shouldn't go outside, should we?

Cuando se usa **to have** para formar el present perfect o en oraciones con **to have got to**, usa **to have** en la tag question.

You haven't read this book, have you?

41.4 Cómo se dice: Tag questions

Hay dos formas de decir tag questions. Cuando la tag question requiere una respuesta, tu voz debe ascender al final.

You are coming to my party, aren't you?

Tu voz asciende.

Cuando estás pidiendo a alguien que esté de acuerdo contigo, la tag question no requiere respuesta, por lo que tu voz desciende al final.

Tu voz desciende.

That game was really fun, wasn't it?

42 Infinitivos y formas base

Ver también:
Gerundios **43**
Pautas verbales **44**

42.1 Infinitivos y formas base

Los infinitivos y las formas base son las formas más simples de los verbos. Los infinitivos siempre comienzan con **to**. La forma base de un verbo es siempre la misma que el infinitivo, pero sin **to**.

sujeto	verbo	infinitivo
I	like	**to read.**

Los infinitivos siempre empiezan con **to**.

sujeto	verbo	forma base	resto de la oración
I	should	read	more books.

Esto es una forma base. No hay **to**.

Cuándo se usa
No se suelen usar **infinitivos** y **formas base** solos, pero los usamos para formar muchas clases de oraciones diferentes.

Más ejemplos

I need **to clean** my room.

Dad decided **to cook** pasta for dinner.

Sara can **ride** a bike.

We should **go** inside because we're too wet!

43 Gerundios

Ver también:
Infinitivos y formas base **42**
Pautas verbales **44**

43.1 Gerundios

Un gerundio es un verbo que actúa como un sustantivo.

Swimming is fun!

Aquí, **swimming** es un sustantivo.

Cuándo se usa
Di con el **gerundio** cómo te sientes sobre una actividad.

Más ejemplos

Eating fruits and vegetables is important.

Skiing is exciting!

I love **baking.** It's my favorite hobby.

43.2 Normas de escritura: Gerundios

Para formar gerundios, añade **ing** a la forma base de un verbo.

wear

⬇

wearing

Añade **ing** a la mayoría de los verbos.

A veces, la grafía de la forma base cambia un poco al añadir **ing**.

La última letra es **e** muda.

choose

⬇

choosing

Quita la **e** y añade **ing**.

Las últimas letras son **ie**.

tie

⬇

tying

Cambia **ie** por **y**, y añade **ing**.

La última sílaba es tónica y las últimas letras son consonante-vocal-consonante.

forget

⬇

forgetting

Repite la última letra, excepto si es **w**, **x** o **y**, y añade **ing**.

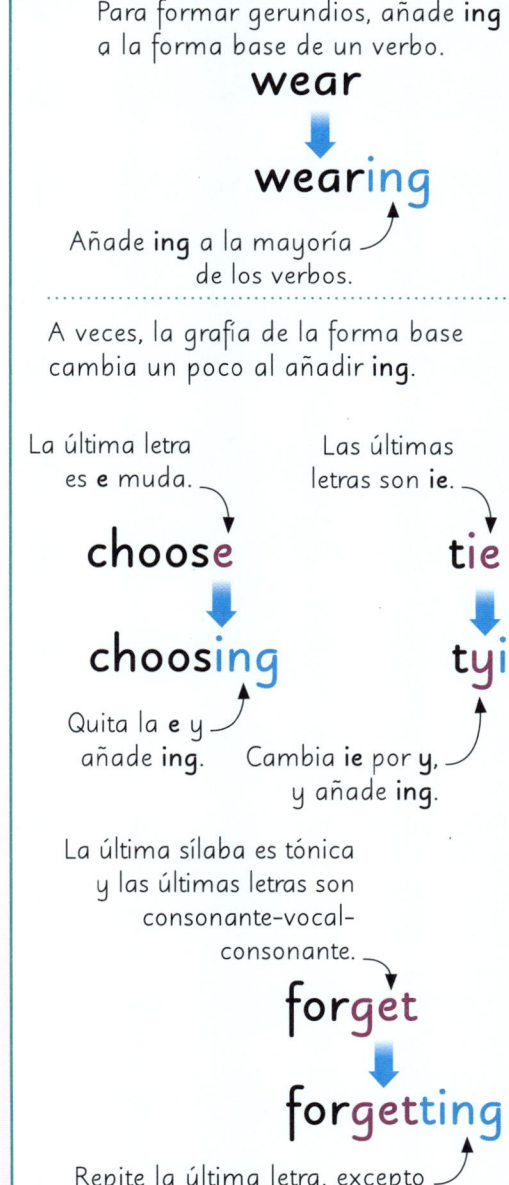

44 Pautas verbales

Ver también:
Infinitivos y formas base **42**
Gerundios **43**

44.1 Cómo se forma: Con infinitivos y gerundios

Un verbo puede ir seguido de un segundo verbo. Algunos verbos solo pueden ir seguidos de un infinitivo o un gerundio. Otros verbos pueden ir seguidos de cualquiera de las dos formas sin que varíe el significado.

sujeto	verbo	infinitivo	resto de la oración
I	want	to go	to the park.

El segundo verbo está en infinitivo.

sujeto	verbo	gerundio	resto de la oración
I	enjoy	playing	the guitar.

El segundo verbo está en gerundio.

sujeto	verbo	infinitivo/gerundio	resto de la oración
I	love	to paint / painting	pictures.

El segundo verbo puede ser un infinitivo o un gerundio. En este caso, significan lo mismo.

44.2 Verbos seguidos de infinitivo, gerundio o cualquiera de los dos

Verbo + infinitivo		Verbo + gerundio		Verbo + infinitivo o gerundio	
agree	help	complete	keep	begin	love
ask	hope	dislike	miss	continue	prefer
choose	learn	enjoy	practice	hate	start
decide	want	finish	understand	like	

44.3 Cómo se forma: Con objeto directo

Cuanco el verbo **to have** va seguido de un infinitivo, se puede poner un objeto directo entre **to have** y el infinitivo.

sujeto	have/has	objeto directo	infinitivo
I	have	a story	to write.

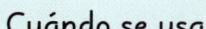

Cuándo se usa
Usa esta **pauta verbal** para hablar de cosas que puedes hacer o que tienes que hacer.

Más ejemplos

She **is learning to spell.**

Max **decided to buy** a blue ball.

Ben **likes to play** with his car.

Maria **has finished eating** her dinner.

They **practice speaking** English every day.

Sara **likes riding** her bike.

Sofia **has two bags to carry.**

We **have a bus to catch.**

I **have ten questions to answer.**

45 Artículos

Ver también
Sustantivos 50
Adjetivos superlativos 65

45.1 Artículos indefinidos

A, **an** y **some** son artículos indefinidos.

I'd like **a** pear.

Usa **a** ante un sustantivo en singular que comienza por consonante.

Cuándo se usa
Usa **artículos indefinidos** para hablar de cosas en general o para hablar de algo por primera vez.

I'd like **an** apple.

Usa **an** ante un sustantivo en singular que comienza por vocal.

I'd like **some** mangoes.

Usa **some** ante un sustantivo en plural o incontable.

45.2 "Any" con preguntas y negaciones

En preguntas y oraciones negativas, el artículo indefinido **some** se convierte en **any**.

There are **some** bananas.

Are there **any** bananas?

There are **some** bananas.

There are**n't** **any** bananas.

Más ejemplos

That's **a** nice drawing.

My dad is **an** actor.

Look! There's **a** spider!

There aren't **any** cookies in the jar.

There is **some** milk in the fridge.

We need **some** flour for this cake.

Would you like **an** orange?

Do you have **any** pens?

45.3 El artículo definido

The es el artículo definido.

I'm in **the** yard.

El jardín es un lugar específico, por eso usamos **the**.

Cuándo se usa
Usa **the** para hablar de una cosa o un lugar en concreto.

Usa el artículo indefinido para hablar de algo por primera vez.

We have **a** dog, **a** rabbit, and **a** tortoise. **The** dog is named Rex.

Usa **the** porque ya se ha hablado del perro.

Usa **the** para hablar de algo que ya se ha mencionado.

Rex is **the** biggest.

Usa **the** antes de un superlativo.

Usa **the** antes de un adjetivo o adverbio superlativo.

Más ejemplos

Max is **the** fastest in our school.

We are washing **the** car.

I loved **the** clown at Maria's party.

I can see a butterfly and a ladybug. **The** butterfly is blue.

⚙ 45.4 Comparar los artículos definidos e indefinidos

My favorite animal is **a** frog.

Usamos el artículo indefinido porque hablamos de ranas en general.

Usamos el artículo definido porque estamos hablando de una rana en concreto.

The frog in our yard is green.

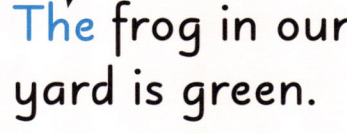

Cuándo se usa

Usa el **artículo indefinido** para hablar de algo en general. Usa el **artículo definido** para hablar de algo específico.

Más ejemplos

Maria would like **a** cookie.

The cookies at the party were delicious!

I'm going to buy **a** new toy car.

The toy car in the store is expensive.

46.1 Determinantes demostrativos

This, that, these y those pueden ir delante de un sustantivo para especificar de qué cosa o cosas se está hablando. Cuando hacen esto, son determinantes demostrativos.

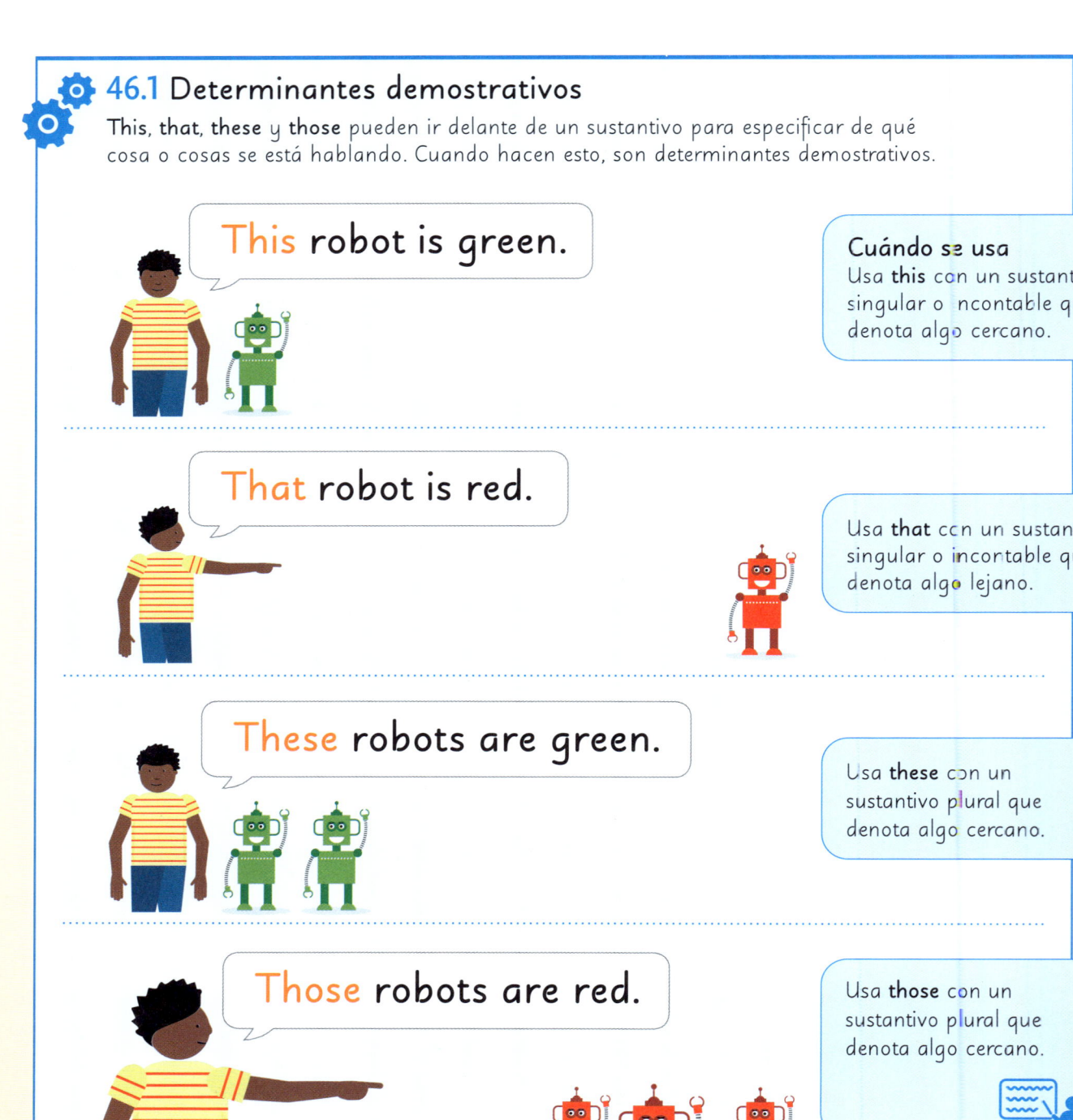

This robot is green.

Cuándo se usa
Usa **this** con un sustantivo singular o incontable que denota algo cercano.

That robot is red.

Usa **that** con un sustantivo singular o incontable que denota algo lejano.

These robots are green.

Usa **these** con un sustantivo plural que denota algo cercano.

Those robots are red.

Usa **those** con un sustantivo plural que denota algo cercano.

Ver también:
Sustantivos **50**
Determinantes posesivos **55**

Más ejemplos

I love **this** dress!

This music is great.

This pear is delicious.

Ben would like to use **that** computer.

That elephant is very big!

That game looks fun.

Have you tried **these** cupcakes?

I've read all **these** books.

These flowers smell lovely.

Those children are playing in the park.

Can you see **those** lions?

Look at **those** kites!

⚙ 46.2 Pronombres demostrativos

This, **that**, **these** y **those** pueden también reemplazar a un sustantivo en una oración. En ese caso, son pronombres demostrativos.

This is my cat.

This cat is my cat.

This is my cat.

Cuándo se usa
Usa **this** por un sustantivo singular o incontable que denota algo cercano.

That is your cat.

Se suele contraer **that is** como **that's**.

Usa **that** por un sustantivo singular o incontable que denota algo lejano.

These are my cats.

Usa **these** por un sustantivo plural que denota algo cercano.

Those are your cats.

Usa **those** por un sustantivo plural que denota algo lejano.

Más ejemplos

This tastes great!

Is **this** your sweater?

Can you hold **this** for me, please?

That is a nice book bag.

That's a very cute dog.

I think **that**'s broken.

These are my dolls.

These are my new sneakers.

Are **these** your pencils?

Those are the sandwiches for my party.

Those are my paintings.

Are **those** for me?

Ver también:
"Both" **48**
Números **61**

May I have another apple, please?

47.1 "Another"

Puedes usar **another** antes de un sustantivo singular
o de un sustantivo plural con un número.

May I have another apple, please?

Usa **another** antes de un sustantivo singular.

One o un número diferente puede reemplazar al sustantivo.

May I have another apple, please?

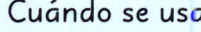

May I have another one, please?

Puedes reemplazar el sustantivo con
la palabra **one** o con otro número.

Cuándo se usa
Usa **another** para hablar sobre
más cantidad de algo o de
una versión diferente de algo.

Más ejemplos

I'd like **another two
pears**, please.

I've finished my drink. May
I have **another one**, please?

Maria wants to borrow
another book.

48 "Both"

Ver también:
"Another" 47

Are you having fries or salad?

I'm having both.

⚙ 48.1 "Both"

I'm having both.

Esto significa que Max ha pedido patatas fritas y ensalada.

Cuándo se usa
Usa **both** para hablar de dos personas o cosas que están juntas. Puedes usarlo solo, antes de dos sustantivos o de uno plural, o tras **we, us, they** o **them**.

Both of them are having salad.

Esto significa que Max y Andy van a comer ensalada.

Both of the boys are having salad.

Puedes usar **both of** antes de un sustantivo plural precedido por **the, these** o **those**.

Usa **both of** para hablar de dos personas o cosas que están juntas. Puedes usar **both of** antes de **us, you** o **them**, o antes de un sustantivo plural precedido por **the, these** o **those**.

Más ejemplos

I like **both** sweaters.

They **both** love playing tennis.

Both of us enjoy singing.

49 "Each" y "every"

Ver también
Sustantivos **50**

I've tried every flavor of ice cream in this store.

⚙ 49.1 "Each" y "every"

Each y **every** significan a menudo lo mismo. Úsalos antes de un sustantivo singular.

I've tried | **each** / **every** | flavor.

En esta oración, **each** y **every** significan lo mismo.

Cuándo se usa
Usa **each** y **every** para hablar de un conjunto de cosas al mismo tiempo.

Más ejemplos

Each dog has a toy.

Every player is wearing a red T-shirt.

Each flower in the vase is pink.

49.2 "Each"

A veces, **each** tiene un significado ligeramente diferente de **every**.

Andy filled each glass with juice.

Cuándo se usa
Usa **each** para hablar de cosas individuales dentro de un grupo o un pequeño número de cosas.

49.3 "Every"

A veces, **every** tiene un significado ligeramente diferente de **each**.

I go swimming every Sunday.

Cuándo se usa
Usa **every** para hablar de un conjunto entero de algo, de grandes números o de periodos de tiempo como días, meses, estaciones o años.

Más ejemplos

Each cat is a different color.

Paint **each** shape blue.

Más ejemplos

We go skiing **every** winter.

I've read **every** book on my bookshelf.

50.1 Sustantivos o nombres comunes

Los sustantivos son palabras que "nombran". En inglés no tienen género. Los sustantivos, o nombres comunes, son palabras para objetos cotidianos, animales, estaciones y acciones.

house

baby

armchair

smile

farmer

spring

lunch

castle

giraffe

doll

50.2 Nombres propios

Los nombres propios son palabras para personas, lugares, días y meses específicos. En inglés, los nombres propios siempre empiezan con mayúscula.

Mount Everest

Italy

Paris

Monday

November

Max

Maria

Texas

Lake Victoria

Central Park

50.3 Sustantivos singulares y plurales

Los sustantivos pueden ser singulares o plurales. Un sustantivo singular se refiere a una sola cosa. Un sustantivo plural se refiere a dos o más cosas. Para convertir la mayoría de los sustantivos en plural, agrega **s** al singular.

drink

drinks

Añade **s** al sustantivo singular.

Sustantivos con plurales irregulares

Añade **es** a los sustantivos que terminan en **s**, **x**, **z**, **ch** o **sh**.

class → classes

box → boxes

quiz → quizzes

watch → watches

dish → dishes

Si el sustantivo termina en una sola **z**, añade otra **z** antes de **es**.

Añade **es** a la mayoría de los que acaban en **o**. Si hay otra vocal antes de la **o**, añade solo **s**.

potato → potatoes

radio → radios

Algunos sustantivos son completamente irregulares. Ve a R26 para ver una lista de sustantivos con plurales irregulares.

child → children

person → people

Para los pronombres que terminan en consonante seguida de **y**, cambia **y** por **i**, y añade **es**.

dictionary → dictionaries

story → stories

Algunos sustantivos no cambian en plural.

fish → fish

sheep → sheep

50.4 Sustantivos contables e incontables

Los sustantivos de cosas que se pueden contar una por una se llaman sustantivos contables y los de cosas que no se pueden contar se llaman sustantivos incontables.

Sustantivos contables

Usa **a**, **an**, **some**, **any** o un número delante de los sustantivos contables.

I need **a lemon** for the cake.

Sustantivo contable: se puede contar cuántos limones hay.

I need **three lemons** for the cake.

Sustantivo contable: se puede contar cuántos limones hay.

I need **some lemons** for the cake.

Some significa que hay un número de limones no especificado, aunque es mayor que uno.

Do we need **any lemons** for the cake?

En oraciones negativas y en preguntas, **some** se convierte en **any**. Ve a 45.2 para saber más.

Sustantivos incontables

Usa **some** o **any** delante de los sustantivos incontables.

I need **some flour** for the cake.

Esto es un sustantivo incontable. La harina no se puede contar.

Is there **any flour** for the cake?

En oraciones negativas y en preguntas, **some** se convierte en **any**. Ve a 45.2 para saber más.

50.5 "How many" y "how much"

Usa **how many** con los sustantivos contables para preguntar el número de cosas que hay.

How many oranges do you need?

Usa **how many** con los sustantivos contables.

Usa **how much** con los sustantivos incontables para preguntar cuánta cantidad de algo hay.

How much rice is there?

Usa **how much** con los sustantivos incontables.

Más ejemplos

My dad bought **a car** today.

There's **some sand** in my shoe.

There are **five balloons**.

How many apples would you like?

How much sugar do we need?

51 Pronombres personales de sujeto

Ver también:
Pronombres personales de
objeto **52**
Pronombres reflexivos **53**

This is Maria. She likes books.

 51.1 Cómo se forma

Un pronombre personal de sujeto reemplaza al sujeto de una oración.

This is Maria. Maria likes books.

Maria es el sujeto de la oración.

This is Maria. She likes books.

She es un pronombre personal de sujeto y reemplaza a "Maria".

I You	like	
He She It	likes	books.
We You They	like	

El pronombre que uses depende de la persona de la que hables.

Cuándo se usa
Usa **pronombres personales de sujeto** para hablar sobre el sujeto de una oración. Suelen reemplazar al nombre de la persona.

NOTA
En inglés no existen formas familiares o formales de **you**. **You** también es igual tanto si hablas con una persona como con más de una.

51.2 Usar pronombres personales de sujeto

I'm ten years old today.

Usa I para hablar sobre ti mismo.
Siempre va en mayúscula.

You play the trumpet very well.

Usa **you** cuando hables directamente
con una persona.

He is on the playground.

Usa **he** para hablar sobre un niño o un hombre.

She is doing her homework.

Usa **she** para hablar sobre una niña o una mujer.

It has a yellow ball.

Usa **it** para hablar sobre cosas o animales.

We are having fun at the beach.

Usa **we** para hablar de un grupo de al menos
dos personas que te incluya a ti mismo.

You are happy!

Usa **you** cuando hables directamente
a más de una persona.

They are playing baseball.

Usa **they** para hablar sobre un grupo
de personas, de animales o de cosas.

52 Pronombres personales de objeto

Ver también:
Pronombres personales de sujeto 51
Pronombres reflexivos 53

The car is dirty, so we're washing it.

52.1 Cómo se forma

Los pronombres personales de objeto reemplazan al objeto de una oración.

The car is dirty, so we're washing the car.

The car is dirty, so we're washing it.

The car es el objeto directo de la oración.

It es un pronombre personal de objeto. Reemplaza a the car.

Cuándo se usa
Usa **pronombres personales de objeto** si tú u otras personas u objetos son el objeto de una oración. Suelen reemplazar al nombre de una persona.

NOTA
You es igual si te diriges a una persona o a más de una.

I	you	he	she	it	we	you	they	pronombres de sujeto
me	you	him	her	it	us	you	them	pronombres de objeto

Do you want to play a game with me?

Usa **me** para hablar de ti mismo.

I saw you at the park yesterday.

Usa **you** cuando hables directamente con una persona.

My brother was bored, so I'm reading him a story.

Usa **him** para hablar de un niño o de un hombre.

It's Sara's birthday, so I am giving her a present.

Usa **her** para hablar de una niña o de una mujer.

Mia lost her pencil and I found it.

Usa **it** para hablar de cosas o de animales.

Dad gave us some money.

Usa **us** para hablar de un grupo de al menos dos personas en el que tú estés incluido.

May I take a picture of you?

Usa **you** cuando hables con más de una persona directamente.

I play basketball with them.

Usa **them** para hablar de un grupo de personas, animales o cosas.

53 Pronombres reflexivos

Ver también:
Pronombres personales de sujeto **51**
Pronombres personales de objeto **52**

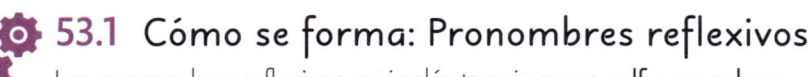

I am drawing myself.

⚙ 53.1 Cómo se forma: Pronombres reflexivos

Los pronombres reflexivos en inglés terminan en **self** o en **selves**.

sujeto	verbo	objeto directo
I	am drawing	myself.

Esto es un pronombre reflexivo.

Cuándo se usa

Usa **pronombres reflexivos** cuando el sujeto o el objeto directo de una oración son la misma persona o personas, o la misma cosa o cosas.

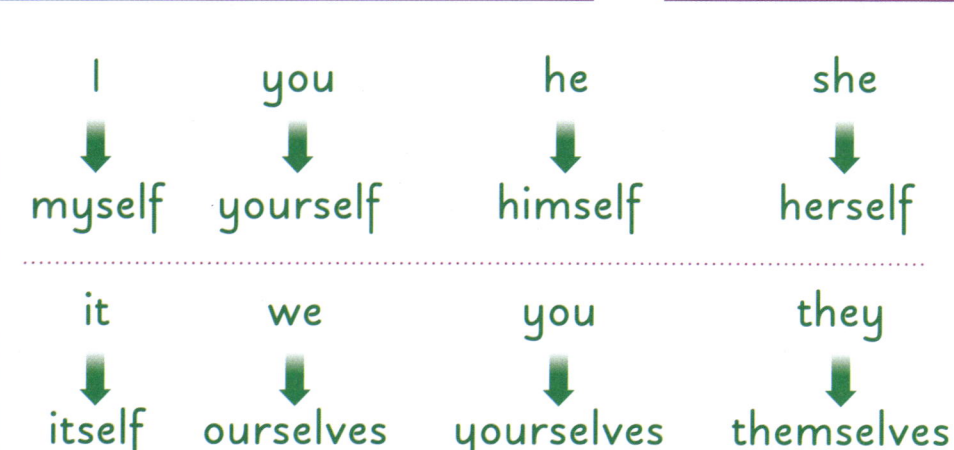

I	you	he	she
⬇	⬇	⬇	⬇
myself	yourself	himself	herself

it	we	you	they
⬇	⬇	⬇	⬇
itself	ourselves	yourselves	themselves

NOTA
En los pronombres reflexivos hay una diferencia entre el **you** singular (**yourself**) y el **you** plural (**yourselves**).

53.2 Usar los pronombres reflexivos

I bought **myself** a new toy with my birthday money.

Cuando el sujeto es I, usa **myself**.

Oh no! **You**'ve hurt **yourself**.

Cuando el sujeto es **you** para una persona, usa **yourself**.

Andy is teaching **himself** the guitar.

Cuando el sujeto es **he** o el nombre de un niño o un hombre, usa **himself**.

She has made **herself** a sandwich.

Cuando el sujeto es **she** o el nombre de una niña o una mujer, usa **herself**.

Look at the cat. **It**'s licking **itself**.

Cuando el sujeto es **it**, usa **itself**.

We are taking a picture of **ourselves**.

Cuando el sujeto es **we**, usa **ourselves**.

Can **you** see **yourselves** in the mirror?

Cuando el sujeto es **you** para más de una persona, usa **yourselves**.

They are enjoying **themselves**.

Cuando el sujeto es **they** o los nombres de más de una persona, usa **themselves**.

54 Pronombres indefinidos

Los pronombres indefinidos son palabras que utilizamos para hablar de una persona o cosa no especificada.

54.1 "Someone"

Usa **someone** para hablar sobre una persona no especificada en una oración positiva o en una pregunta.

Someone has lost their ruler.

54.2 "Anyone"

Usa **anyone** para hablar de nadie en concreto en una oración negativa o de una persona sin especificar en una oración positiva.

There isn't anyone on the playground.

Más ejemplos

Someone called when we were eating dinner.

Is **someone** knocking at the door?

I saw **someone** I know at the park.

Más ejemplos

There isn't **anyone** on the stage.

Does **anyone** want to play tennis with me?

Does **anyone** want some juice?

Ver también:
Hacer preguntas **38**

⚙ 54.3 "Everyone"

Usa **everyone** para hablar de todo un grupo de personas en una oración positiva o en una pregunta.

Everyone in our school wears a uniform.

⚙ 54.4 "No one"

Usa **no one** para hablar de nadie en concreto en una oración positiva.

No one is allowed to wear sneakers.

Más ejemplos

I invited **everyone** in my class to my birthday party.

The teacher asked **everyone** to be quiet.

Is **everyone** having fun?

Más ejemplos

There was **no one** at the bus stop.

No one knew the answer to the question.

There's **no one** in the yard.

54.5 "Something"

Usa **something** para hablar de una cosa sin especificar o sin nombre en una oración positiva o en una pregunta.

I've bought something for Maria's birthday.

Más ejemplos

Sofia can see **something** in the box. What is it?

There's **something** in this bag. It's a surprise!

May I have **something** to eat, please?

54.6 "Anything"

Usa **anything** para hablar de una cosa sin especificar o sin nombre en una oración positiva o negativa o en una pregunta.

I haven't bought anything.

Más ejemplos

Ben is a great artist. He can draw **anything**.

It's so dark. I can't see **anything**!

Would you like **anything** to drink?

54.7 "Everything"

Usa **everything** para hablar de todo un grupo de cosas en una oración positiva o negativa o en una pregunta.

I'm going to eat everything on my plate.

54.8 "Nothing"

Usa **nothing** cuando no hay nada presente. Úsalo en una oración positiva. En una oración negativa usa **anything**.

There's nothing left on my plate.

Más ejemplos

Andy likes **everything** in this toy store.

Have we got **everything** we need to bake a cake?

I can't carry **everything**!

Más ejemplos

My room is really clean. There's **nothing** on the floor!

I'm bored. There's **nothing** to do!

There's **nothing** in this bag. It's empty.

55 Determinantes posesivos

Ver también:
Pronombres posesivos **56**
Apóstrofo con "s" **57**

Poppy is my cat.

George is her cat.

⚙ **55.1 Determinantes posesivos**

Úsalos antes de un sustantivo. Cambian de forma dependiendo de si el propietario es singular, plural, masculino o femenino.

sujeto + verbo	determinante posesivo	sustantivo
Poppy is	my	cat.

Esto significa que el gato me pertenece a mí.

Poppy is	your his her its our your their	cat.

No hay formas familiares o formales de **your**. **Your**, además, no cambia si se habla con una sola persona o con más de una.

Cuándo se usa
Usa **determinantes posesivos** precediendo a un sustantivo, para mostrar a quién pertenece, o bien antes de un familiar. El determinante posesivo que utilices depende de quién es el poseedor, no el sustantivo.

⚙ 55.2 Usar los determinantes posesivos

This is **my** brother, Tom.

Usa **my** para hablar de algo que te pertenece.

Here are **your** presents, Ben!

Usa **your** para hablar de algo que pertenece a la persona con la que estás hablando.

It's **his** birthday today.

Usa **his** para hablar de algo que pertenece a un niño o a un hombre.

This is **her** bag.

Usa **her** para hablar de algo que pertenece a una niña o a una mujer.

The dog is playing with **its** ball.

Usa **its** para hablar de algo que pertenece a un animal o a un objeto.

This is **our** new computer.

Usa **our** para hablar de algo que pertenece a un grupo de al menos dos personas y que te incluye a ti mismo.

Is this **your** puppy?

Usa **your** para hablar de algo que pertenece a la persona con la que estás hablando.

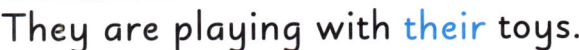

They are playing with **their** toys.

Usa **their** para hablar de algo que pertenece a un grupo de personas o de cosas.

56.1 Cómo se forma: Pronombres posesivos

Los pronombres posesivos reemplazan a un sustantivo singular o plural e indican a quién pertenece.

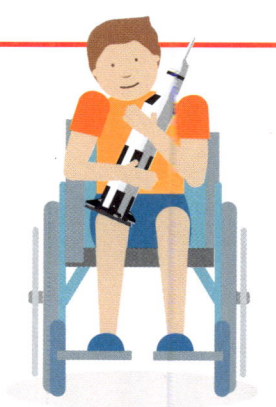

This rocket is my rocket.

⬇

This rocket is mine.

Mine reemplaza a **my rocket**.

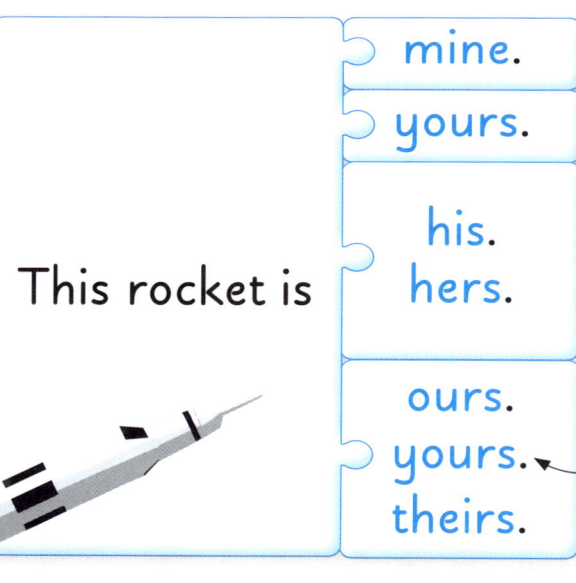

This rocket is
- mine.
- yours.
- his.
- hers.
- ours.
- yours.
- theirs.

Cuándo se usa
Usa **pronombres posesivos** para hablar de algo que pertenece a alguien. El pronombre posesivo que uses dependerá del poseedor, no del sustantivo. No existe un pronombre posesivo para **it**.

No hay formas familiares o formales de **yours**. **Yours**, además, es igual cuando hablas con una sola persona y cuando hablas con más de una.

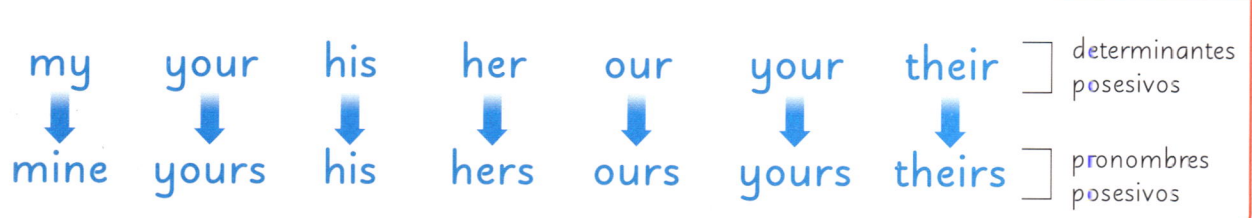

my	your	his	her	our	your	their	determinantes posesivos
⬇	⬇	⬇	⬇	⬇	⬇	⬇	
mine	yours	his	hers	ours	yours	theirs	pronombres posesivos

⚙ 56.2 Usar los pronombres posesivos

Your robot is bigger than mine.

Usa **mine** para hablar de algo que te pertenece.

Is this kite yours?

Usa **yours** para hablar de algo que pertenece a la persona con la que estás hablando.

That burger is his.

Usa **his** para hablar de algo que pertenece a un niño o a un hombre.

My dress is green and hers is red.

Usa **hers** para hablar de algo que pertenece a una niña o a una mujer.

These toys are ours.

Usa **ours** para hablar de algo que pertenece a un grupo de al menos dos personas que te incluye a ti mismo.

Is that cat yours?

Usa **yours** para hablar de algo que pertenece a las personas con las que estás hablando.

That house is theirs.

Usa **theirs** para hablar de algo que pertenece a dos o más personas.

Ver también:
Determinantes posesivos **55**
Pronombres posesivos **56**

That is Ben's house.

57.1 Cómo se forma: Apóstrofo con "s"

Para mostrar que alguien o algo posee algo, añade **'s** o, a veces, solo **'** después del sustantivo o del nombre propio.

That is the house of Ben.

That is Ben's house.

Para la mayoría de los nombres propios y comunes, añade **'s**.

James's house

James' house

Para nombres propios o sustantivos que terminan en **s**, añade **'s** o solo **'**.

Cuándo se usa
Usa **apóstrofo con "s"** para indicar posesión.

My grandparents' house

Para los sustantivos plurales que terminan en **s**, añade solamente **'**.

The children's house

En sustantivos plurales que no terminan en **s**, añade **'s**.

Más ejemplos

This is Maria's cat.

Thomas's dog
is small.

The doll's dress
is pink.

Chris' hair is black.

Amy's dad is
very tall.

The men's T-shirts
are green.

Have you seen
Andy's bag?

This is my
parents' car.

58 Pronombres relativos

Ver también:
Cláusulas 56

Usa los pronombres relativos **who, that, which** y **where** para introducir cláusulas relativas. Las cláusulas relativas dan más información sobre algo que ya se ha mencionado en la cláusula principal.

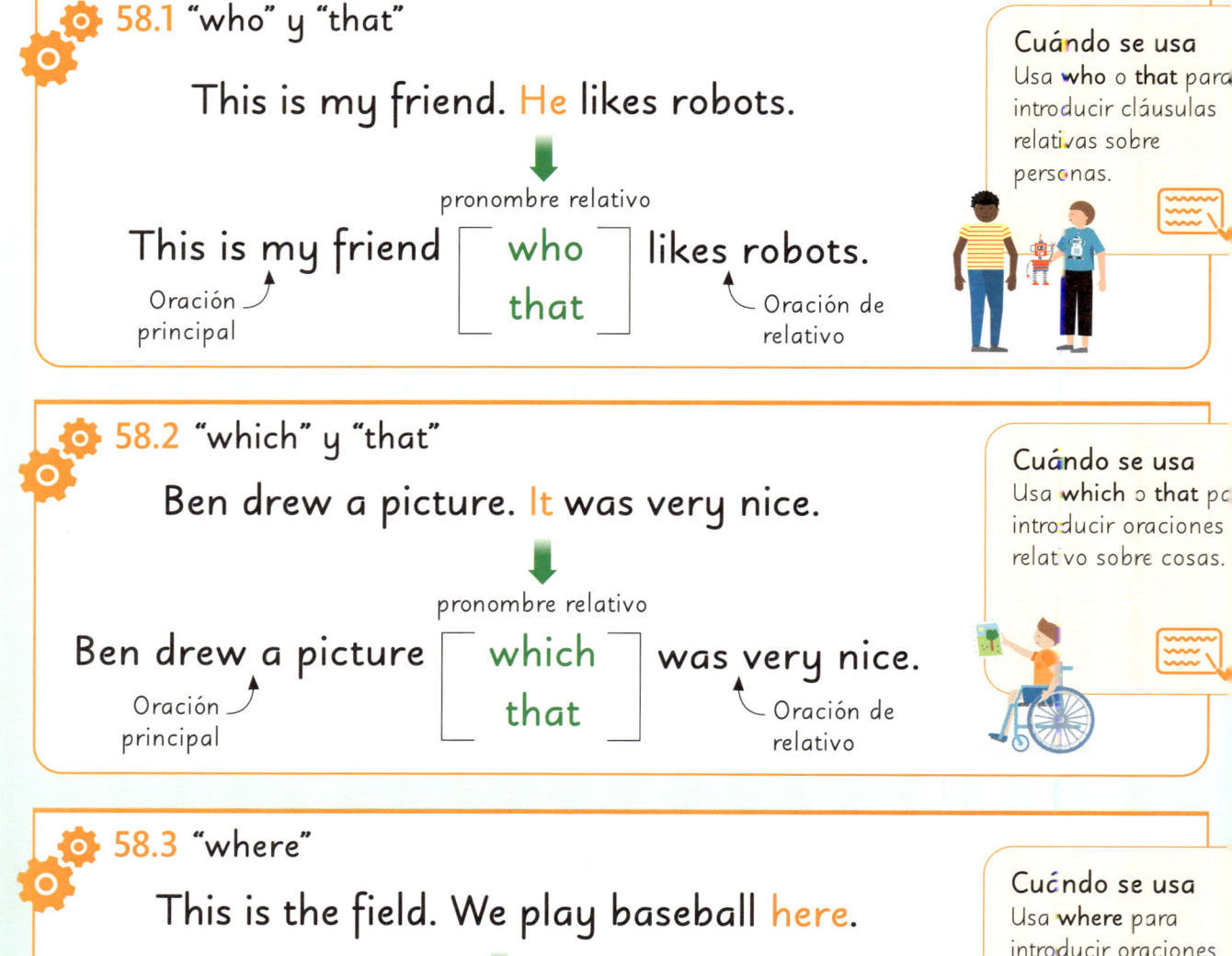

58.1 "who" y "that"

This is my friend. He likes robots.

pronombre relativo

This is my friend [who / that] likes robots.

Oración principal — Oración de relativo

Cuándo se usa
Usa **who** o **that** para introducir cláusulas relativas sobre personas.

58.2 "which" y "that"

Ben drew a picture. It was very nice.

pronombre relativo

Ben drew a picture [which / that] was very nice.

Oración principal — Oración de relativo

Cuándo se usa
Usa **which** o **that** para introducir oraciones de relativo sobre cosas.

58.3 "where"

This is the field. We play baseball here.

pronombre relativo

This is the field [where] we play baseball.

Oración principal — Oración de relativo

Cuándo se usa
Usa **where** para introducir oraciones de relativo sobre lugares.

It's my brother **that** plays soccer, not me.

Más ejemplos

I have a sister **who** is a doctor.

This is my cousin **who** speaks English.

I bought a new toy **which** I love.

This is the present **that** Andy gave me.

She read a book **that** was really interesting.

The street **where** I live is called Main Street.

This is the cafe **where** we met Sofia.

This is the pool **where** they swim on Saturdays.

Ver también:
Sustantivos **50**
"There was" y "there were" **60**

59 "There is" y "there are"

⚙ 59.1 Cómo se forma: "There is" y "there are"

Usa **there is** o **there's** antes de los sustantivos singulares e incontables.

There	is	sustantivo singular/incontable
There	is	one giraffe.

Usa **there is** para hablar de una cosa o de un sustantivo incontable.

There's ⟵ Se suele contraer **there is** como **there's**.

Cuándo se usa
Usa **there is** o **there are** para hablar de una cosa o de más de una cosa, que están presentes en el momento actual.

Usa **there are** antes de los sustantivos plurales.

There	are	sustantivo plural
There	are	two elephants.

Usa **there are** para hablar sobre más de una cosa.

There's one giraffe.

There are two elephants.

Más ejemplos

There's a kite.

There is one orange flower.

There are eight stars in the sky.

There are some cows in the field.

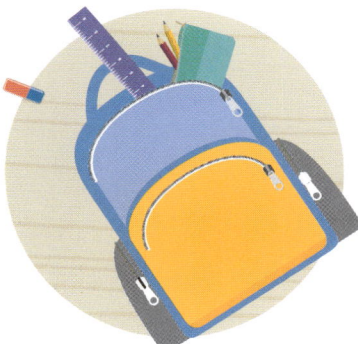

There's a book bag on the floor.

There is some rice on my plate.

There are two ants.

There's some fruit in the bowl.

There are four cars.

59.2 Cómo se forma: Oraciones negativas con "there is" y "there are"

Para formar oraciones negativas con **there is** y **there are**, coloca **not** después de **is** o **are**. Usa **there is not** antes de los sustantivos singulares e incontables.

There **is** a hippo.

There **is not** a hippo.

There **isn't** a hippo.

Cuándo se usa
Usa oraciones negativas con **there is** o **there are** para hablar de una cosa o más de una cosa que no están presentes en el momento actual.

Usa **there are not** antes de los sustantivos plurales.

There **are** some lions.

There **are not** any lions.

There **aren't** any lions.

Some se convierte en **any**. Ve a 45.2 para saber más.

Más ejemplos

There **isn't** any honey left.

There **aren't** any people in the movie theater.

There **isn't** any food in the cupboard.

59.3 Cómo se forma: Preguntas con "there is" y "there are"

Para formar preguntas con **there is** y **there are**, coloca **is** o **are** antes de **there**. Usa **is there** antes de sustantivos singulares o incontables.

There is a crocodile.

Is there a crocodile?

└ Coloca **is** antes de **there**.

Cuándo se usa
Usa **there is** o **there are** para preguntar si una cosa o más de una cosa están presentes en el momento actual.

Usa **are there** antes de los sustantivos plurales.

There are some lizards.

Are there any lizards?

└ Coloca **are** antes de **there**.   └ **Some** se convierte en **any**. Ve a 45.2 para saber más.

Más ejemplos

Is there a train station in your town?

Are there any toys in your room?

Is there any milk in the pitcher?

60 "There was" y "there were"

Ver también:
Sustantivos **50**
"There is" y "there are" **59**

There **was** a clown at the party.

There **were** balloons.

60.1 Cómo se forma: "There was" y "there were"

Usa **there was** antes de los sustantivos singulares e incontables.

There	was	sustantivo singular/incontable
There	was	a clown.

There was para hablar de algo para lo que se usa un sustantivo incontable.

Usa **there were** antes de los sustantivos plurales.

There	were	sustantivo plural
There	were	balloons.

There were para hablar sobre más de una cosa.

Cuándo se usa
Usa **there was** o **there were** para hablar sobre una cosa o varias que estaban presentes en el pasado.

Más ejemplos

There were two giraffes.

There were lots of books in the library.

There was one cookie in the jar.

There was a bird ir the tree.

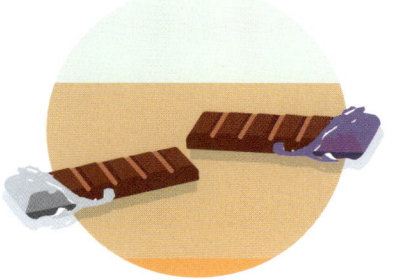

There was some chocolate on the table.

There was a competition at school today.

There were three ducks in the water.

There were dolphins in the ocean.

There were some children at the park.

60.2 Cómo se forma: Oraciones negativas con "there was" y "there were"

Para formar oraciones negativas con **there was** y **there were**, coloca **not** después de **was** o **were**. Usa **there was not** antes de los sustantivos singulares e incontables.

There was a cake at the party.

There was not a cake at the party.

There wasn't a cake at the party.

Usa **there were not** antes de los sustantivos plurales.

There were some games at the party.

There were not any games at the party.

There weren't any games at the party.

Some se convierte en **any**. Ve a 45.2 para saber más.

Cuándo se usa
Usa oraciones negativas con **there was** o **there were** para hablar de una cosa o varias que no estaban presentes en el pasado.

Más ejemplos

There **weren't** any teddy bears in the toy store.

There **wasn't** an elevator, so I used the stairs.

There **wasn't** any grass in the yard.

60.3 Cómo se forma: Preguntas con "there was" y "there were"

Para formar preguntas con **there was** y **there were**,
pon **was** o **were** antes de **there**. Usa **was there**
antes de los sustantivos singulares e incontables.

There was music.

Was there music?

Pon **was** antes de **there**.

Cuándo se usa
Usa **there was** o **there were** para preguntar si una cosa o varias estaban presentes en el pasado.

Usa **were there** antes de los sustantivos plurales.

There were presents.

Were there presents?

Pon **were** antes de **there**.

Más ejemplos

Was there a swimming
pool at your hotel?

Were there lots of
people at the beach?

Was there any juice
at the store?

61 Números

Usamos los números para contar y para decir cuánto hay de algo.

Ver también:
Cantidad **62**
Sílabas **R4**

⚙ 61.1 Números

0 zero	**1** one	**2** two	**3** three	**4** four	**5** five
6 six	**7** seven	**8** eight	**9** nine	**10** ten	**11** eleven
12 twelve	**13** thirteen	**14** fourteen	**15** fifteen	**16** sixteen	**17** seventeen
18 eighteen	**19** nineteen	**20** twenty	**21** twenty-one	**22** twenty-two	**23** twenty-three
24 twenty-four	**25** twenty-five	**26** twenty-six	**27** twenty-seven	**28** twenty-eight	**29** twenty-nine
30 thirty	**40** forty	**50** fifty	**60** sixty	**70** seventy	**80** eighty
90 ninety	**100** one hundred	**101** one hundred one	**200** two hundred	**300** three hundred	**400** four hundred
500 five hundred	**600** six hundred	**700** seven hundred	**800** eight hundred	**900** nine hundred	**1000** one thousand

61.2 Números que suenan de forma parecida

Estos números suenan de forma muy parecida. Asegúrate de hacer tónica la sílaba correcta para evitar confusiones.

Haz tónica la primera sílaba.

13	thir<u>teen</u>		30	<u>thir</u>ty
14	four<u>teen</u>		40	<u>for</u>ty
15	fif<u>teen</u>		50	<u>fif</u>ty
16	six<u>teen</u>		60	<u>six</u>ty
17	seven<u>teen</u>		70	<u>seven</u>ty
18	eigh<u>teen</u>		80	<u>eigh</u>ty
19	nine<u>teen</u>		90	<u>nine</u>ty

Haz tónica la última sílaba.

61.3 Números ordinales

Usamos los números ordinales para contar qué posición ocupa algo en una lista.

1st first	2nd second	3rd third	4th fourth	5th fifth	6th sixth	7th seventh
8th eighth	9th ninth	10th tenth	11th eleventh	12th twelfth	13th thirteenth	
14th fourteenth	15th fifteenth	16th sixteenth	17th seventeenth	18th eighteenth	19th nineteenth	
20th twentieth	21st twenty-first	22nd twenty-second	23rd twenty-third	24th twenty-fourth	25th twenty-fifth	
26th twenty-sixth	27th twenty-seventh	28th twenty-eighth	29th twenty-ninth	30th thirtieth	31st thirty-first	

62 Cantidad

Ver también:
Artículos **45**
Sustantivos **50**

El inglés tiene varias palabras para hablar de cuántos o cuánto hay de algo.

⚙ 62.1 Expresiones de cantidad

There are some houses near the cafe.

Cuándo se usa
Usa **some** delante de sustantivos plurales e incontables para hablar de un número o cantidad no específica de algo

There are a few ducks in the pond.

Usa **a few** ante sustantivos en plural para hablar de un pequeño número de cosas

I saw lots of butterflies in the garden.

Usa **lots of** o **a lot of** ante sustantivos plurales o incontables para hablar de un gran número o cantidad de algo.

There's enough flour to make this cake.

Usa **enough** ante sustantivos plurales e incontables cuando ya tienes el número o cantidad que necesitas de algo.

There are too many lemons!

Usa **too many** ante sustantivos en plural cuando tienes demasiadas cosas

There's too much sugar in the bowl.

Usa **too much** ante sustantivos incontables cuando tienes más cantidad de algo de la necesaria.

There's a little honey, but we need more.

Usa **a little** o **a little bit of** delante de sustantivos incontables cuando hay una pequeña cantidad de algo.

Más ejemplos

There are **some** stars in the sky.

A few children were late to school today.

There are **lots of** birds in the yard.

I painted **a lot of** pictures today.

We have **enough** apples for the picnic.

There are **too many** toys on the floor.

I have **too much** rice in my bowl.

May I have **a little bit of** cake, please?

There's **a little** milk left.

63 Adjetivos

Ver también:
Sustantivos **50**
Intensificadores **71**

63.1 Usar los adjetivos

a **dirty** dog   a **wet** dog   a **big** dog   a **small** dog

63.2 Cómo se forma: Adjetivos

En inglés, los adjetivos suelen ir antes del sustantivo.
Permanecen iguales al calificar sustantivos singulares y plurales.

Cuándo se usa
Usa **adjetivos** para calificar los sustantivos.

comienzo de la oración	adjetivo	sustantivo singular
It is a	small	dog.

El adjetivo se pone antes del nombre.

comienzo de la oración	adjetivo	sustantivo plural
They are	small	dogs.

El adjetivo permanece igual para un sustantivo plural.

Los adjetivos pueden ir después del sustantivo cuando siguen a algunos verbos como **to be**.

sujeto	to be	adjetivo
The dog	is	small.

El adjetivo viene después del verbo **to be**.

Más ejemplos

I love **funny** movies.

I have a **new** robot.

The clown was very **silly**.

I like your **blue** book bag.

Andy's wearing a **purple** T-shirt.

My dogs are **friendly**.

¡RECUERDA!
Puedes decir **very**
o **really** antes de un
adjetivo para reforzarlo.
Ve a **71.1** para
saber más.

We're really **happy**.

It's very **windy** today.

64 Adjetivos comparativos

I am tall. Sofia is taller.

64.1 Cómo se forma: Adjetivos comparativos

Para formar adjetivos comparativos con la mayoría de los adjetivos de una sílaba y con algunos de dos sílabas, agrega **er** al adjetivo.

sujeto	verbo	adjetivo comparativo
Sofia	is	taller.

Añade **er** al adjetivo, **tall**.

Cuándo se usa
Usa los **adjetivos comparativos** para comparar dos o más cosas.

Si estás comparando una cosa con otra, di **than** después del adjetivo comparativo.

sujeto	verbo	adjetivo comparativo	than	resto de la oración
Sofia	is	taller	than	Andy.

Di **than** después del adjetivo comparativo.

64.2 Reglas de escritura: Adjetivos comparativos

Para formar estos adjetivos comparativos, añade **er** al adjetivo. A veces, la grafía del adjetivo cambia al agregar **er**.

El adjetivo termina en consonante-vocal-consonante.

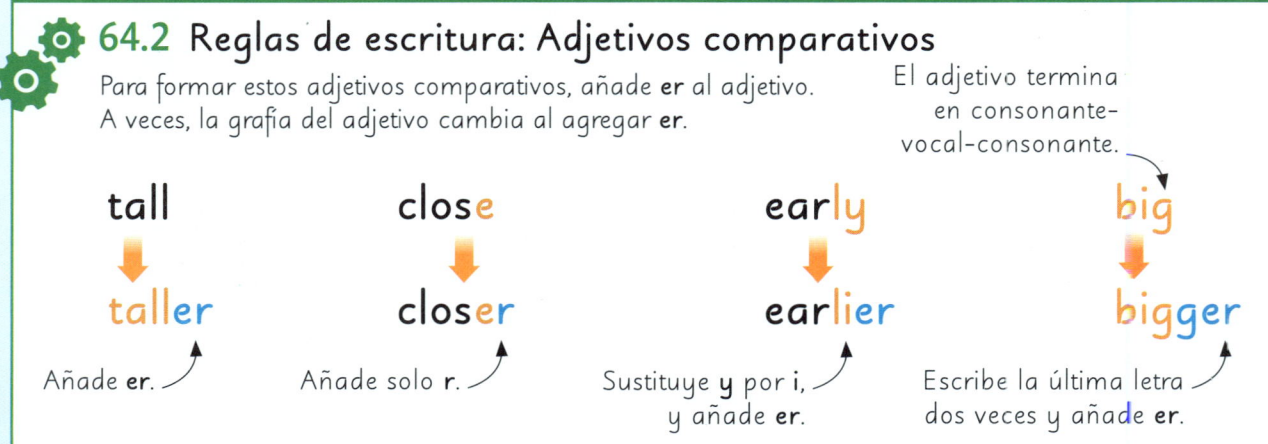

tall → taller
Añade **er**.

close → closer
Añade solo **r**.

early → earlier
Sustituye **y** por **i**, y añade **er**.

big → bigger
Escribe la última letra dos veces y añade **er**.

64.3 Cómo se forma: Adjetivos comparativos irregulares

Good y **bad** tienen formas de comparativo irregulares.

good → better   bad → worse

Adjetivos

Adjetivos comparativos

Más ejemplos

The tree is **bigger than** the flower.

Our cat is much **lazier than** our dog.

The weather was bad yesterday, but today it's **worse**.

NOTA
Puedes decir **much** antes de un adjetivo comparativo para reforzarlo. Ve a 71.2 para saber más.

My bike is much **cleaner** than yours.

I'm quite good at the violin, and I'm getting **better**.

⚙ 64.4 Cómo se forma: Comparativos de adjetivos largos

Con la mayoría de los adjetivos de dos sílabas y todos los adjetivos de tres o más sílabas, coloca **more** delante del adjetivo y no agregues **er**. Usa **less** delante de cualquier adjetivo para darle el significado opuesto a **more**.

adjetivo comparativo

sujeto + verbo	more/less	adjetivo	than	resto de la oración
The rocket is	more / less	expensive	than	the robot.

Más ejemplos

I think board games are **more exciting than** video games.

The red flower is beautiful, but the purple flower is **more beautiful.**

This puzzle is **less difficult than** that puzzle.

NOTA

Una sílaba es una parte de una palabra. Cada sonido vocálico en una palabra marca una sílaba. Ve a R4 para saber más.

The pizzas were **more delicious than** the sandwiches.

The purple snake is **more colorful than** the green snake.

65 Adjetivos superlativos

Ver también:
Adjetivos **63**
Sílabas **R4**

I am tall. Sofia is taller than me. Max is the tallest.

65.1 Cómo se forma: Adjetivos superlativos

Para formar adjetivos superlativos con la mayoría de los acjetivos de una sílaba y con algunos adjetivos de dos sílabas, agrega **est** al adjetivo.

sujeto	verbo	the	adjetivo superlativo
I	am	the	tallest.

Pon **the** antes de un adjetivo superlativo.

Añade **est** al adjetivo, **tall**.

Cuándo se usa
Usa **adjetivos superlativos** para hablar de cosas extremas.

65.2 Reglas de escritura: Adjetivos superlativos

Para formar estos adjetivos superlativos, añade **est** al adjetivo. A veces la grafía del adjetivo cambia un poco al agregar **est**.

El adjetivo termina en consonante-vocal-consonante.

tall → **tallest**
En la mayoría de los adjetivos, añade **est**.

close → **closest**
Añade solo **st**.

early → **earliest**
Reemplaza la **y** por **i**, y después añade **est**.

big → **biggest**
Repite la última letra y añade **est**.

⚙ 65.3 Cómo se forma: Adjetivos superlativos irregulares

Good y **bad** tienen formas irregulares como adjetivos superlativos.

good	**bad**	Adjetivos
↓	↓	
better	**worse**	Adjetivos comparativos
↓	↓	
best	**worst**	Adjetivos superlativos

Más ejemplos

Today was **the coldest** day of the year.

The closest park is five minutes from my house.

The black and white dog is **the biggest**.

This is **the worst** cake I've ever tasted.

Saturday was **the sunniest** day this week.

Jess is my **best** friend.

65.4 Cómo se forma: Adjetivos superlativos largos

Con la mayoría de los adjetivos de dos sílabas y todos los adjetivos con tres o más sílabas, coloca **the most** delante del adjetivo y no agregues **est**. Utiliza **the least** delante de cualquier adjetivo para darle el significado opuesto a **the most**.

adjetivo superlativo

sujeto + verbo	the	most/least	adjetivo
Sara is	the	most / least	excited.

Más ejemplos

I think math is **the most important** subject at school.

This is **the most interesting** museum in our city.

He is **the least afraid** of spiders.

The Eiffel Tower is **the most famous** landmark in Paris.

That's **the most amazing** rainbow I've ever seen!

NOTA
Una sílaba es una parte de una palabra. Cada sonido vocálico en una palabra marca una sílaba. Ve a R4 para saber más.

66 Adverbios de modo

Ver también:
Adjetivos 63
Intensificadores 71

Hello.

Hello!

⚙ 66.1 Cómo se forma: Adverbios de modo

Para formar la mayoría de los adverbios de modo, agrega **ly** a un adjetivo. Los adverbios van después del verbo que califican. Si el verbo tiene un objeto directo, el adverbio va después de él.

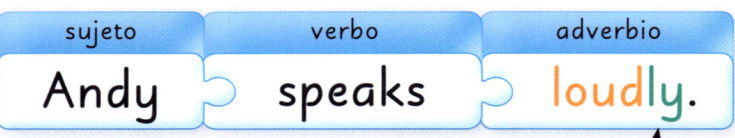

sujeto	verbo	adverbio
Andy	speaks	loudly.

La mayoría de los adverbios de modo terminan en **ly**.

Cuándo se usa
Usa **adverbios de modo** para describir cómo algo o alguien hace algo.

⚙ 66.2 Reglas de escritura: Adverbios de modo

Para formar la mayoría de los adverbios de modo, agrega **ly** a un adjetivo. A veces la grafía del adjetivo puede cambiar un poco al agregar **ly**.

El adjetivo termina en **y**.

El adjetivo termina en una consonante seguida de **le**.

quiet
↓
quiet**ly**

easy
↓
easi**ly**

gen**tle**
↓
gen**tly**

Para la mayoría de los adverbios, añade **ly**.

Sustituye la **y** por **i**, y añade **ly**.

Elimina la **e** y añade **y**.

66.3 Cómo se forma: Adverbios de modo irregulares

Algunos adverbios de modo son irregulares. El adverbio **well** no se parece a su adjetivo, **good**. Algunos no cambian respecto de su forma adjetiva. A continuación algunos adverbios de modo irregulares comunes.

good	straight	fast	hard	early	] Adjetivos
↓	↓	↓	↓	↓	
well	straight	fast	hard	early	] Adverbios

↳ Este adverbio cambia por completo.

↳ Algunos adverbios permanecen iguales que su forma adjetiva.

↳ Los adjetivos que terminan en **ly** no cambian al pasar a adverbios.

Más ejemplos

The car is moving really **fast**.

Sara stroked the cat **gently**.

She sings **beautifully**.

Ben can play the piano very **well**.

Maria had to get up **early** today.

¡RECUERDA!
Puedes decir **very** o **really** antes de un adverbio de modo para reforzarlo. Ve a 71.1 para saber más.

67 Adverbios comparativos

Ver también:
Adjetivos comparativos **64**
Adverbios de modo **66**

> I run quickly, but Sofia runs more quickly.

⚙ 67.1 Cómo se forma: Adverbios comparativos

Para formar la mayoría de los adverbios comparativos, añade **more** o **less** delante del adverbio. Di **more** cuando alguien hace algo en mayor medida que otra persona. **Less** tiene el significado opuesto.

Cuándo se usa
Usa **adverbios comparativos** para comparar cómo dos o más personas o cosas hacen algo.

adverbio comparativo

sujeto	verbo	more/less	adverbio
Sofia	runs	more / less	quickly.

Añade **more** o **less** antes del adverbio.

El adverbio permanece igual.

NOTA
Puedes decir **much** antes de un adverbio comparativo para reforzarlo. Ve a 71.2 para saber más.

Al hacer una comparación con otra cosa, di **than** después del adverbio comparativo.

sujeto	verbo	more/less	adverbio	than	resto de la oración
Sofia	runs	more / less	quickly	than	Max.

Di **than** después del adverbio comparativo.

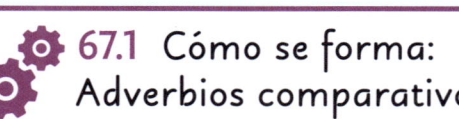

67.2 Cómo se forma: Adverbios comparativos irregulares

Good y **bad** tienen adverbios comparativos irregulares.

good → Adjetivos

bad → Adjetivos

well → Adverbios

badly → Adverbios

better → Adverbios comparativos

worse → Adverbios comparativos

67.3 Cómo se forma: Adverbios comparativos cortos

Si un adjetivo tiene una forma comparativa terminada en **er**, puedes usar esa forma en lugar de **more** más adverbio.

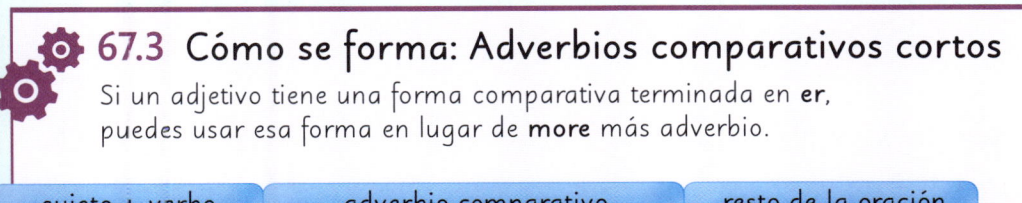

sujeto + verbo	adverbio comparativo	resto de la oración
Sofia runs	more quickly / quicker	than Max.

More quickly y **quicker** significan aquí lo mismo.

NOTA
Para saber más sobre los adjetivos comparativos, ve a la Unidad 64.

Más ejemplos

Andy speaks **louder than** Sofia.

Sara paints **more carefully than** me.

Maria plays the violin much **better than** Ben.

This cheese smells **worse than** that cheese.

68 Adverbios superlativos

Ver también:
Adjetivos superlativos **65**
Adverbios de modo **66**

I run the most quickly.

I run the least quickly.

68.1 Cómo se forma: Adverbios superlativos

Para formar la mayoría de los adverbios superlativos,
añade **the most** o **the least** delante del adverbio.

adverbio superlativo

sujeto	verbo	the	most/least	adverbio
Sofia	runs	the	most / least	quickly.

Di **the** antes de
most o least.

El adverbio se
queda igual.

Cuándo se usa
Usa **adverbios
superlativos** para
describir formas
extremas de hacer
las cosas.

Usa **the most** cuando alguien hace algo más que nadie.
Usa **the least** cuando alguien hace algo menos que nadie.

Sofia runs the most quickly.

Andy runs the least quickly.

The least significa lo
contrario que the most.

68.2 Cómo se forma: Adverbios superlativos irregulares

Good y **bad** tienen adverbios superlativos irregulares.

good → Adjetivos

bad → Adjetivos

well → Adverbios

badly → Adverbios

better → Adverbios comparativos

worse → Adverbios comparativos

best → Adverbios superlativos

worst → Adverbios superlativos

68.3 Cómo se forma: Adverbios superlativos cortos

Si un adjetivo tiene una forma superlativa que termina en **est**, puedes usarla en lugar de **the most** más adverbio.

NOTA
Para saber más sobre adjetivos superlativos, ve a la Unidad 65.

sujeto + verbo	adverbio superlativo
Sofia runs	the most quickly.
	the quickest.

The most quickly y **the quickest** significan aquí lo mismo.

Más ejemplos

The black dog barks **the most loudly**.

Max swims **the fastest**.

Maria sings **the least beautifully**.

69 Adverbios de tiempo

Ver también:
Adverbios de frecuencia **70**
Preposiciones de tiempo **74**

Usa adverbios de tiempo para hablar de una acción en curso
en el presente o para decir exactamente cuándo algo ocurre
en el presente, sucedió en el pasado o sucederá en el futuro.

69.1 "now"

We're playing video games now.

Cuándo se usa
Usa **now** para hablar de
algo que está ocurriendo
en el momeno presente.

PASADO — PRESENTE — FUTURO

Esto está ocurriendo en
el momento presente.

69.2 "still"

I am still painting my picture.

Cuándo se usa
Utiliza **still** para hablar de
una acción o estado que
comenzó en el pasado y
continúa sucediendo en
el presente.

PASADO — PRESENTE — FUTURO

Andy comenzó a pintar en
algún momento del pasado.

Andy continúa
pintando ahora.

69.3 "about to"

It's about to rain.

PRESENTE · FUTURO

Va a llover en el futuro próximo.

Cuándo se usa
Usa **about to** para hablar de algo que va a ocurrir en un futuro muy próximo.

69.4 "soon"

I'm going to the beach soon.

PRESENTE · FUTURO

Sofia no está en la playa ahora.

Sofia estará en la playa en el futuro próximo.

Cuándo se usa
Usa **soon** para hablar de algo que va a ocurrir en el futuro cercano.

69.5 "yet"

I haven't finished my dinner yet.

PRESENTE · FUTURO

Andy no ha terminado de cenar.

Andy terminará de cenar en algún momento.

Cuándo se usa
Usa **yet** en oraciones y preguntas negativas para hablar de algo que no ha sucedido pero que sucederá en el futuro.

69.6 "just"

I've just woken up.

PASADO — PRESENTE

Max se ha despertado hace muy poco.

Cuándo se usa
Usa **just** para hablar de algo que ha ocurrido en un pasado muy reciente.

69.7 "already"

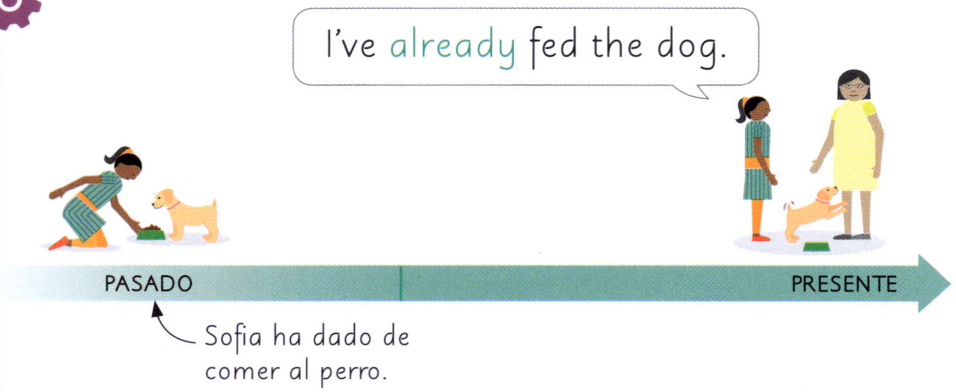

I've already fed the dog.

PASADO — PRESENTE

Sofia ha dado de comer al perro.

Cuándo se usa
Usa **already** para hablar de algo que ha ocurrido en el pasado, a veces antes de lo que esperabas.

69.8 "ago"

We visited Paris two months ago.

MARZO — ABRIL — MAYO

Ahora es mayo. Han pasado dos meses desde que fueron a París.

Cuándo se usa
Usa **ago** con un complemento de tiempo en forma de minutos, horas, días, meses o años para hablar de cuánto tiempo ha transcurrido desde que ocurrió algo en el pasado.

Más ejemplos

now	Se usa para hablar sobre algo que está ocurriendo en el momento presente.	What are you doing **now**? Sorry, we have got to go **now**.
still	Se usa para hablar sobre una acción o estado que comenzó en el pasado y que aún sucede.	They're **still** running the race. It's **still** raining.
about to	Se usa para hablar de algo que va a ocurrir en un futuro muy próximo.	We're **about to** go shopping. I'm **about to** play ice hockey.
soon	Se usa para hablar de algo que va a ocurrir en un futuro próximo.	Dinner will be ready **soon**. Get ready to go, we're leaving **soon**.
yet	Se usa para hablar sobre algo que aún no ha ocurrido pero que va a ocurrir en el futuro.	Has Andy woken up **yet**? I haven't finished my drawing **yet**.
just	Se usa para hablar de algo que ha ocurrido en un pasado muy reciente.	I've **just** washed the dishes. We've **just** arrived in Miami.
already	Se usa para hablar sobre algo que ha ocurrido, a veces antes de lo esperado.	I've **already** done my homework. The movie has **already** started.
ago	Se usa para hablar sobre cuánto tiempo ha pasado desde que ocurrió algo.	I took this picture three days **ago**. A week **ago**, we were in Australia.

Ver también:
Adverbios de tiempo **69**
Preposiciones de tiempo **74**

70.1 Usar adverbios de frecuencia

Usa adverbios de frecuencia para hablar de cuán a menudo ocurre algo.

100%

I **always** brush my teeth in the morning.

Cuándo se usa
Usa **always** cuando algo ocurre todo el tiempo.

I **usually** get up at 7 o'clock.

Usa **usually** cuando algo ocurre de forma regular pero no todo el tiempo.

I **often** have toast for breakfast.

Usa **often** cuando algo ocurre con frecuencia.

I **sometimes** play soccer on Sundays.

Usa **sometimes** cuando algo ocurre de forma ocasional.

I **never** walk to school. It's too far away.

Usa **never** cuando algo no ocurre en absoluto.

0%

70.2 Cómo se forma: Adverbios de frecuencia

Los adverbios de frecuencia suelen ir antes del verbo.

sujeto	adverbio de frecuencia	verbo	resto de la oración
I	**always**	read	a book in the evening.

El adverbio de frecuencia va antes del verbo.

....

Si el verbo es **to be**, el adverbio de frecuencia va después de **to be**.

sujeto	to be	adverbio de frecuencia	resto de la oración
I	am	**never**	late for school.

El adverbio de frecuencia va después de **to be**.

Más ejemplos

We **always** walk the dog in the evening.

Tom **usually** plays baseball on Tuesdays.

They **often** go on vacation to France.

We **sometimes** have pizza for dinner.

He is **never** bored at the park.

I **never** wear dresses.

71 Intensificadores

Ver también:
Adjetivos **63**
Adverbios de modo **66**

> The grey dog is dirty.
> The brown dog is very dirty.

71.1 "very" y "really"

Usa **very** o **really** antes de un adjetivo o un adverbio.

sujeto	verbo	very/really	adjetivo
The brown dog	is	very / really	dirty.

Pon **very** o **really** antes de un adjetivo o un adverbio.

sujeto	verbo	very/really	adverbio
The brown dog	walks	very / really	slowly.

Cuándo se usa
Usa **very** o **really** para reforzar un adjetivo o un adverbio. Significan lo mismo, pero **really** es un poco más informal.

Más ejemplos

The road is **very** busy.

Maria's dad is **really** tall.

Sofia can run **really** fast.

> The grey dog is much bigger than the black dog.

71.2 "much"

Usa **much** antes de un adjetivo o adverbio comparativo.

Cuándo se usa
Usa **much** para reforzar un adjetivo o adverbio comparativo.

sujeto	verbo	much	adjetivo comparativo
The grey dog	is	much	bigger.

Pon **much** antes del adjetivo comparativo.

sujeto	verbo	much	adverbio comparativo
The grey dog	barks	much	more loudly.

Pon **much** antes del adverbio comparativo.

Más ejemplos

The rabbit runs **much** more quickly than the tortoise.

It's **much** colder in winter than in summer.

The drums are **much** noisier than the guitar.

Ver también:
Preposiciones de movimiento **73**
Preposiciones de tiempo **74**

72.1 Usar preposiciones de lugar

Usa preposiciones de lugar para hablar de dónde está algo o alguien.

The cat is
in the box.

The cat is
on the box.

The cat is
next to the box.

The cat is
in front of the box.

The cat is
behind the box.

The cat is
opposite the box

The cat is
between the boxes.

The cat is
under the plant.

The cat is
below the tree.

The bird is
above the cat.

73 Preposiciones de movimiento

Ver también:
Preposiciones de lugar **72**
Preposiciones de tiempo **74**

73.1 Usar preposiciones de movimiento

Usa preposiciones de movimiento para hablar de cómo algo o alguien se mueve de un lugar a otro.

The cat is walking up the stairs.

The cat is walking down the stairs.

The cat is jumping into the box.

The cat is jumping out of the box.

The cat is jumping over the box.

The cat is walking under the desk.

The cat is jumping off the box.

The cat is walking through the box.

The cat is walking across the yard.

74 Preposiciones de tiempo

Usa preposiciones de tiempo para
hablar de cuándo ocurre algo.

74.1 "on"

We play basketball on Saturdays.

Cuándo se usa
Usa **on** antes de un día de
la semana o una fecha
para decir cuándo ocurre
algo, cuándo ocurrió o
cuándo ocurrirá.

74.2 "at"

I get up at 7 o'clock.

Cuándo se usa
Usa **at** antes de un
tiempo para decir
cuándo algo ocurre,
ocurrió u ocurrirá.

74.3 "in"

My birthday is in May.

May

Cuándo se usa
Usa **in** antes de meses, años,
estaciones y de las palabras
morning, afternoon y **evening**
para decir cuándo algo ocurre,
ocurrió u ocurrirá.

Ver también:
Adverbios de tiempo **69**
Palabras de tiempo **R28**

74.4 "until"

You can play until dinner.

Cuándo se usa
Usa **until** con una fecha, año o evento para hablar de cuándo terminará una acción o situación que aún continúa.

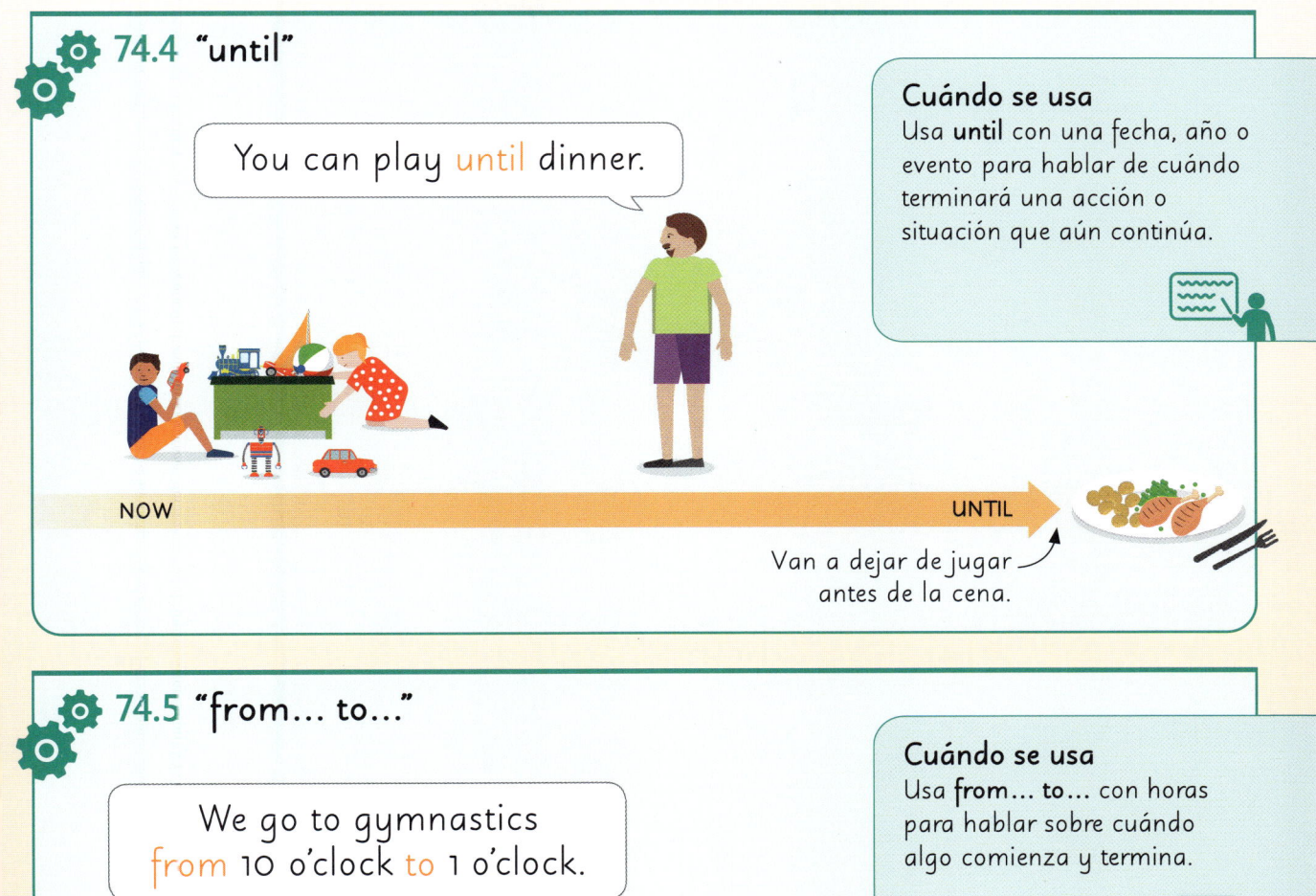

NOW

UNTIL

Van a dejar de jugar antes de la cena.

74.5 "from... to..."

We go to gymnastics from 10 o'clock to 1 o'clock.

Cuándo se usa
Usa **from... to...** con horas para hablar sobre cuándo algo comienza y termina.

FROM

TO

La actividad comienza a las diez en punto.

La actividad termina a la una en punto.

74.6 "for"

Cuándo se usa
Usa **for** antes de una cantidad de tiempo para hablar sobre cuánto dura algo.

> We played chess **for** two hours today.

FOR TWO HOURS

Comenzaron a jugar ajedrez a las cuatro en punto.

Terminaron de jugar a las seis en punto.

74.7 "since"

Cuándo se usa
Usa **since** para hablar sobre cuándo comenzó una situación o acción que aún continúa. Usa **since** con present perfect, nunca con present simple.

> We've been at the fair **since** 11 o'clock.

SINCE

NOW

La actividad comenzó a las once en punto y aún continúa.

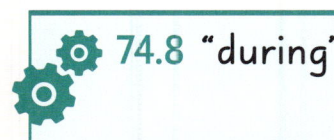

74.8 "during"

Cuándo se usa
Usa **during** para hablar del periodo de tiempo durante el cual sucede algo.

I went to the library **during** my lunch break.

PASADO

DURING LUNCH BREAK

AHORA

Sara estuvo en la biblioteca en algún momento del receso.

74.9 "by"

Cuándo se usa
Usa **by** con una hora para decir que algo habrá terminado antes de esa hora.

I have to be home **by** 6 o'clock.

NOW

BY 6 O'CLOCK

Max tiene que estar en casa a las seis en punto como muy tarde.

74.10 "before"

We usually walk the dog **before** dinner.

Cuándo se usa
Usa **before** para hablar de algo que ocurre antes que otra cosa.

BEFORE DINNER

DINNER

Esto significa que pasean al perro antes de cenar.

74.11 "after"

I often read comic books **after** dinner.

Cuándo se usa
Usa **after** para hablar de algo que ocurre después de otra cosa.

DINNER

AFTER DINNER

Esto significa que Max primero cena y después lee cómics.

Más ejemplos

on	Con un día o fecha, para decir cuándo ocurre algo.	I go to science club **on** Wednesdays. We played badminton **on** Friday.
at	Con una hora, para decir cuándo ocurre algo.	We eat breakfast **at** 7 o'clock. I catch the bus **at** 8 o'clock.
in	Con palabras de tiempo, para decir cuándo ocurre algo.	I was born **in** the summer. My school has a party every year **in** July.
until	Con palabras de tiempo, para decir cuándo algo termina.	I have basketball practice **until** 4 o'clock. We have to stay here **until** we've finished.
from... to...	Con horas, para decir cuándo algo comienza y termina.	My Dad works **from** 9 o'clock **to** 5 o'clock. Lunchtime is **from** 12 o'clock **to** 1 o'clock.
since	Para hablar de cuándo comenzó algo que aún continúa.	I've been here **since** 3 o'clock. We've been in Spain **since** last week.
for	Para hablar sobre cuánto dura algo.	I have been at school **for** three hours. We played **for** two hours yesterday.
during	Para hablar sobre el periodo de tiempo en el que algo ocurre.	We played all day **during** the summer. Andy learned a lot **during** the lesson.
by	Para decir que algo habrá terminado antes de una cierta hora.	I have to finish my homework **by** 6 o'clock. We've usually eaten dinner **by** 7 o'clock.
before	Para hablar sobre algo que ocurre más pronto.	I eat breakfast **before** school. Sara has soccer practice **before** dinner.
after	Para hablar de algo que ocurre más tarde.	We're going to the park **after** school. **After** breakfast, I catch the bus.

"With" y "without"

With y without son preposiciones.
Se colocan antes de un sustantivo.

75.1 "with"

Max came with me to the park.

Cuándo se usa
Usa **with** para hablar de algo que ocurre junto a otra cosa.

We stayed at a hotel with a swimming pool.

Usa **with** para hablar de posesión.

Dad cut the apple with a knife.

Usa **with** para hablar de algo que se usa para realizar una acción.

75.2 "without"

I had some ice cream without sauce.

Cuándo se usa
Usa **without** para hablar de la ausencia de algo.

Más ejemplos

Do you want to come to the movies **with** us?

I'm going to buy a new toy **with** my money.

Mom made pasta **with** meatballs.

I like books **with** lots of pictures.

We drew our pictures **with** pencils.

They live in a house **with** a yard.

My dad likes tea **without** sugar.

Sara went to school **without** her books.

I prefer burgers **without** cheese.

76 Conjunciones

Las conjunciones unen palabras, frases, cláusulas u oraciones.

Ver también:
Cláusulas **R6**

76.1 "and"

I like cars. I like rockets.

I like cars **and** rockets.

Usa **and** para unir
dos oraciones.

Cuándo se usa
Usa **and** para hablar de
más de una cosa o para
unir dos oraciones que
hablan de lo mismo.

76.2 "but"

I like apples. I don't like pears.

I like apples, **but** I don't like pears.

Usa **but** para contrastar
un enunciado positivo
con uno negativo.

Cuándo se usa
Usa **but** para contrastar
un enunciado positivo
con uno negativo.

76.3 "or"

I don't like dolls. I don't like cars.

I don't like dolls or cars.

Usa **or** para unir dos oraciones negativas.

Cuándo se usa
Usa **or** para hablar de dos enunciados negativos juntos en una oración.

Would you like pasta? Would you like pizza?

Would you like pasta or pizza?

Esto significa que hay una elección entre pasta y pizza.

Usa **or** cuando hay una elección entre dos o más cosas.

76.4 "than"

sujeto + verbo	comparativo	than	resto de la oración
Your doll is	**smaller**	**than**	**mine.**

Esto es un adjetivo comparativo.

Di **than** después de un adjetivo o adverbio comparativo.

Cuándo se usa
Usa **than** para comparar dos o más cosas. Úsalo tras un adjetivo o adverbio comparativo. Ve a las Unidades 64 y 67 para saber más sobre adjetivos y adverbios comparativos.

76.5 "when"

Esto ocurrió inmediatamente después de la primera acción.

when	primera acción	segunda acción
When	we got to the beach,	we went swimming.

Esta acción ocurrió primero.

Cuándo se usa
Usa **when** para hablar de dos cosas que ocurren al mismo tiempo o justo una después de la otra.

when	acción que continúa	acción que interrumpe
When	I was playing tennis,	I hurt my knee.

La acción que continúa está en past continuous.

La acción que interrumpe está en past simple.

Usa **when** para hablar de una acción que ocurrió al mismo tiempo que otra acción.

when	primer evento futuro	segundo evento futuro
When	I get home,	I'll do my homework.

Esta cláusula está en present simple aunque esté sucediendo en el futuro.

También puedes usar **when** en medio de cualquiera de estas oraciones.

I'll do my homework when I get home.

No se pone coma cuando **when** está en medio de la oración.

Usa **when** para hablar de lo que ocurrirá si ocurre otra cosa.

76.6 "after"

Puedes usar **after** al comienzo o en medio de una oración.

after	primera acción	segunda acción
After	I get up,	I brush my teeth.

Esta acción ocurre en primer lugar.

Esta acción ocurre en segundo lugar.

I brush my teeth **after** I get up.

No hay coma cuando **after** está en medio de una oración.

Cuándo se usa
Usa **after** para hablar sobre algo que ocurre después de otra acción.

76.7 "before"

Puedes usar **before** al comienzo de una oración o a la mitad.

before	segunda acción	primera acción
Before	I go to sleep,	I always read a book.

Esta acción ocurre en segundo lugar.

Esta acción ocurre primero.

I always read a book **before** I go to sleep.

No se pone coma cuando **before** está en medio de la oración.

Cuándo se usa
Usa **before** para hablar de algo que ocurre antes que otra cosa.

⚙ 76.8 "if"

Puedes usar **if** al comienzo o en medio de una oración.

if	acción/situación	resultado
If	**I score a goal,**	**we'll win the game.**

Esta es la acción que aún no ha ocurrido.

Esto ocurrirá como resultado de la acción.

We'll win the game if I score a goal.

No se pone coma cuando **if** va en medio de la oración.

Cuándo se usa

Usa **if** en oraciones condicionales. Ve a las Unidades 36 y 37 para saber más sobre oraciones condicionales.

⚙ 76.9 "because"

acción	because	razón
I've come to the vet	**because**	**my cat is ill.**

Esta es la acción.

Usa **because** para unir una acción con la razón de esta.

Cuándo se usa

Usa **because** para decir por qué ocurre algo o explicar una decisión.

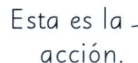

⚙ 76.10 "so"

Esto ocurrió como resultado de la situación.

situación/acción	so	resultado
It's sunny today,	**so**	**we've come to the beach.**

Esta es la situación.

Cuándo se usa

Usa **so** para hablar de algo que ocurre a causa de otra cosa.

Más ejemplos

and	Une dos oraciones que hablan de lo mismo.	Maria is wearing a red dress **and** blue shoes. I bought Ben a new toy **and** he loved it!
but	Contrasta un enunciado positivo con uno negativo.	I love swimming, **but** I don't like running. She can't sing, **but** she can play the piano.
or	Dos o más cosas en una oración negativa o una elección entre varias cosas.	I've never been to Spain **or** Italy. Do you want to play baseball **or** basketball?
than	Se usa después de un adjetivo o adverbio comparativo.	My dog is bigger **than** my cat. Max can run faster **than** Andy.
when	Dice a qué hora ocurre algo.	**When** she got home, she practiced the violin. I'll swim in the ocean **when** I go on vacation.
after	Describe una acción que ocurre después de otra.	Sofia went to bed **after** she ate her dinner. **After** I ran the race, I had a glass of water.
before	Describe una acción que ocurre antes que otra.	I put on my pajamas **before** I went to bed. **Before** Maria went outside, she put on a coat.
if	Se usa en oraciones condicionales.	Don't go to school **if** you're feeling sick. **If** you clean your room, we'll go to the park.
because	Dice por qué ocurre algo o explica una decisión.	I love reading **because** it's fun. We didn't walk to school **because** it's raining.
so	Se usa para hablar de algo que ocurre por otra cosa.	I was hungry, **so** I made a sandwich. Sara was tired, **so** she went to bed early.

Referencia

R1 El alfabeto inglés

El alfabeto inglés tiene 26 letras. Tiene cinco vocales, **a**, **e**, **i**, **o** y **u**.
Las otras 21 letras reciben el nombre de consonantes.

Utiliza una letra mayúscula para comenzar una oración, los nombres de personas y de lugares, los días y los meses.

Utiliza letras minúsculas el resto del tiempo.

Aa Bb Cc Dd Ee Ff Gg Hh Ii
Jj Kk Ll Mm Nn Oo Pp Qq Rr
Ss Tt Uu Vv Ww Xx Yy Zz

R2 Signos de puntuación

En inglés se utilizan varios signos de puntuación para para que las oraciones sean más c aras.

Signo de puntuación		Uso	Oración de ejemplo
punto	.	va al final de una oración	Maria likes oranges.
coma	,	une dos cláusulas principales o separa palabras en una enumeración	I like pizza, but I don't like pasta. I love cars, trains, and rockets!
interrogación	?	va al final de una pregunta	Do you like robots?
exclamación	!	va al final de una oración que expresa sorpresa o excitación	Let's play football!
apóstrofo	'	denota posesión o reemplaza a las letras que faltan en las formas contraídas	Ben's cat is black. She's my sister.

R3 Partes del discurso

Los diferentes tipos de palabras que forman una oración se llaman partes del discurso.

Partes del discurso	Definición	Ejemplos
sustantivo	una persona, lugar o cosa	cat, Sara, girl, house, water
adjetivo	califica un nombre o un pronombre	big, funny, light, red, young
verbo	muestra una acción o un estado del ser	be, go, read, speak, think, want
adverbio	califica verbos, adjetivos y otros adverbios	always, easily, happily, here, loudly, much, soon, very
pronombre	reemplaza a un nombre propio o común	he, she, you, we, them, it
preposición	indica dónde está o a dónde va algo, o puede introducir un objeto o una idea	about, above, from, in
conjunción	una palabra de unión que conecta palabras, sintagmas o cláusulas	and, because, but
artículo	va delante de un sustantivo para decir si el sustantivo es específico o general	a, an, some, the
determinante	va delante de un sustantivo para mostrar de qué estás hablando	her, my, their, your

R4 Sílabas

Una sílaba es una parte de una palabra. Cada sonido vocálico de una palabra es una sílaba. Las vocales son a, e, i, o, u, y a veces y.

robot

dos sílabas

ro-bot

expensive

tres sílabas

ex-pens-ive

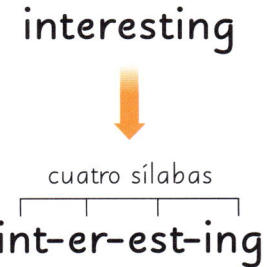

interesting

cuatro sílabas

int-er-est-ing

R5 Partes de una oración

Todas las oraciones tienen un verbo y la mayoría también tienen al menos un sujeto. Las oraciones pueden contener un objeto directo.

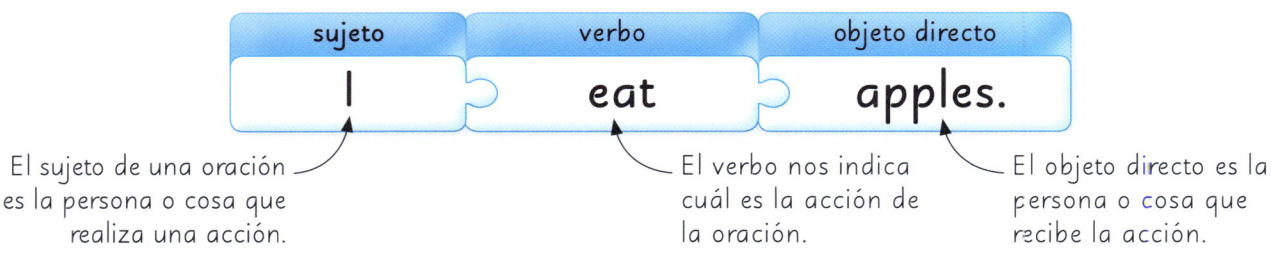

sujeto	verbo	objeto directo
I	eat	apples.

El sujeto de una oración es la persona o cosa que realiza una acción.

El verbo nos indica cuál es la acción de la oración.

El objeto directo es la persona o cosa que recibe la acción.

Las oraciones también pueden contener un objeto indirecto. Para que una oración tenga un objeto indirecto, también debe tener un objeto directo.

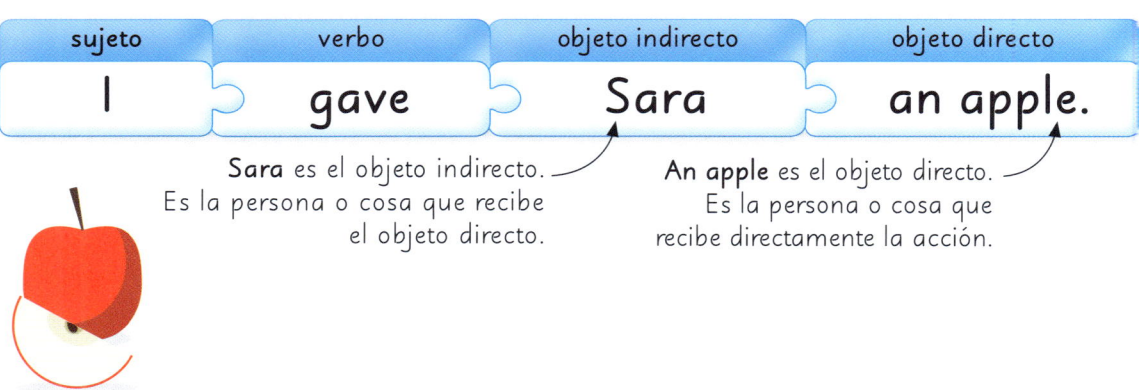

sujeto	verbo	objeto indirecto	objeto directo
I	gave	Sara	an apple.

Sara es el objeto indirecto. Es la persona o cosa que recibe el objeto directo.

An apple es el objeto directo. Es la persona o cosa que recibe directamente la acción.

R6 Cláusulas

Una cláusula es una frase que contiene un sujeto y un verbo. Algunas oraciones contienen dos o más cláusulas. Las cláusulas se pueden unir mediante conjunciones y pronombres relativos.

cláusula 1	conjunción	cláusula 2
It's raining today,	so	I'll wear a coat.

Esta frase contiene un sujeto y un verbo, por lo que es una cláusula.

La conjunción so une dos cláusulas.

Esta frase tiene un sujeto y un verbo, por lo que también es una cláusula.

R7 El present simple de los verbos regulares

Utiliza el present simple para hablar sobre hechos, opiniones o cosas que suceden de forma regular. Todos los verbos regulares siguen el mismo patrón en present simple. Ve a la Unidad 1 para saber más.

Positivo	Negativo	Pregunta
like	I don't like	Do I like…?
You like	You don't like	Do you like…?
He likes	He doesn't like	Does he like…?
She likes	She doesn't like	Does she like…?
It likes	It doesn't like	Does it like…?
We like	We don't like	Do we like…?
You like	You don't like	Do you like…?
They like	They don't like	Do they like…?

R8 El present simple de "to be"

To be es un verbo irregular en present simple: no sigue las reglas habituales. Utiliza el present simple de **to be** para hablar sobre hechos, sentimientos, situaciones y estados. Ve a la Unidad 1 para saber más.

Positivo	Negativo	Pregunta
I am/I'm	I'm not	Am I…?
You are/You're	You're not/You aren't	Are you…?
He is/He's	He's not/He isn't	Is he…?
She is/She's	She's not/She isn't	Is she…?
It is/It's	It's not/It isn't	Is it…?
We are/We're	We're not/We aren't	Are we…?
You are/You're	You're not/You aren't	Are you…?
They are/They're	They're not/They aren't	Are they…?

R9 El present simple de "to have"

To have es un verbo irregular en present simple: no sigue las reglas habituales. Usa el present simple de **to have** para hablar de posesión. Ve a la Unidad 1 para saber más.

Positivo	Negativo	Pregunta
I have	I don't have	Do I have...?
You have	You don't have	Do you have...?
He has	He doesn't have	Does he have...?
She has	She doesn't have	Does she have...?
It has	It doesn't have	Does it have...?
We have	We don't have	Do we have...?
You have	You don't have	Do you have...?
They have	They don't have	Do they have...?

R10 El present continuous

Utiliza el present continuous para hablar de una acción que sucede en el momento presente. Ve a la Unidad 4 para saber más.

Positivo	Negativo	Pregunta
I am walking/I'm walking	I'm not walking	Am I walking?
You are walking/You're walking	You're not walking/You aren't walking	Are you walking?
He is walking/He's walking	He's not walking/He isn't walking	Is he walking?
She is walking/She's walking	She's not walking/She isn't walking	Is she walking?
It is walking/It's walking	It's not walking/It isn't walking	Is it walking?
We are walking/We're walking	We're not walking/We aren't walking	Are we walking?
You are walking/You're walking	You're not walking/You aren't walking	Are you walking?
They are walking/They're walking	They're not walking/They aren't walking	Are they walking?

R11 El past simple de los verbos regulares

Úsalo para hablar de una acción terminada que ocurrió en un momento determinado del pasado.
Ve a la Unidad 8 para saber más. Para una lista de verbos irregulares en past simple, ve a R19.

Positivo	Negativo	Pregunta
I played	I didn't play	Did I play...?
You played	You didn't play	Did you play...?
He played	He didn't play	Did he play...?
She played	She didn't play	Did she play...?
It played	It didn't play	Did it play...?
We played	We didn't play	Did we play...?
You played	You didn't play	Did you play...?
They played	They didn't play	Did they play...?

R12 El past simple de "to be"

To be es un verbo irregular en past simple: no sigue las reglas habituales. Utiliza el past simple de
to be para hablar de hechos, sentimientos, situaciones y estados. Ve a la Unidad 8 para saber más.

Positivo	Negativo	Pregunta
I was	I wasn't	Was I...?
You were	You weren't	Were you...?
He was	He wasn't	Was he...?
She was	She wasn't	Was she...?
It was	It wasn't	Was it...?
We were	We weren't	Were we...?
You were	You weren't	Were you...?
They were	They weren't	Were they...?

R13 El past continuous

Utiliza el past continuous para hablar de una acción en curso en el pasado o para contar una historia. Ve a la Unidad 11 para saber más.

Positivo	Negativo	Pregunta
I was running	I wasn't running	Was I running?
You were running	You weren't running	Were you running?
He was running	He wasn't running	Was he running?
She was running	She wasn't running	Was she running?
It was running	It wasn't running	Was it running?
We were running	We weren't running	Were we running?
You were running	You weren't running	Were you running?
They were running	They weren't running	Were they running?

R14 El present perfect

Usa el present perfect para hablar del pasado reciente. Ve a la Unidad 14 para saber más. Para obtener una lista de past participles irregulares, ve a R19.

Positivo	Negativo	Pregunta
I have arrived	I haven't arrived	Have I arrived?
You have arrived	You haven't arrived	Have you arrived?
He has arrived	He hasn't arrived	Has he arrived?
She has arrived	She hasn't arrived	Has she arrived?
It has arrived	It hasn't arrived	Has it arrived?
We have arrived	We haven't arrived	Have we arrived?
You have arrived	You haven't arrived	Have you arrived?
They have arrived	They haven't arrived	Have they arrived?

R15 "Going to"

Usa **going to** con una forma base para hacer predicciones basadas en evidencia y hablar de planes futuros. Ve a la Unidad 18 para saber más.

Positivo	Negativo	Pregunta
I'm going to swim	I'm not going to swim	Am I going to swim?
You're going to...	You're not going to.../You aren't going to...	Are you going to...?
He's going to...	He's not going to.../He isn't going to...	Is he going to...?
She's going to...	She's not going to.../She isn't going to...	Is she going to...?
It's going to...	It's not going to.../It isn't going to...	Is it going to...?
We're going to...	We're not going to.../We aren't going to...	Are we going to...?
You're going to...	You're not going to.../You aren't going to...	Are you going to...?
They're going to...	They're not going to.../They aren't going to...	Are they going to...?

R16 "Will"

Usa **will** con una forma base para hablar sobre una decisión que acabas de tomar, hacer una promesa, hacer predicciones sin evidencia u ofrecerte a hacer algo. Ve a la Unidad 21 para saber más.

Positivo	Negativo	Pregunta
I will play/I'll play	I will not play/I won't play	Will I play?
You will.../You'll...	You will not.../You won't...	Will you...?
He will.../He'll...	He will not.../He won't...	Will he...?
She will.../She'll...	She will not.../She won't...	Will she...?
It will.../It'll...	It will not.../It won't...	Will it...?
We will.../We'll...	We will not.../We won't...	Will we...?
You will.../You'll...	You will not.../You won't...	Will you...?
They will.../They'll...	They will not.../They won't...	Will they...?

R17 Verbos modales

Los verbos modales permanecen iguales para todos los sujetos. No agregues **s** para **he**, **she** o **it**. Suelen ir seguidos de otro verbo en forma base. Las preguntas con **might** y **must** son raras. No existe una forma contraída para **may not**, y **mightn't** y **mustn't** son raros. Ve a la Unidad 28 para saber más.

Positivo	Negativo	Pregunta
can	cannot/can't	Can I...?
could	could not/couldn't	Could I...?
may	may not	May I...?
might	might not	
must	must not	
should	should not/shouldn't	Should I...?

R18 Palabras interrogativas

Usa las palabras interrogativas al comienzo de las preguntas. Ve a la Unidad 40 para saber más.

Palabra	Ejemplo de pregunta	Ejemplo de respuesta
How	How old are you?	I am nine years old.
How many	How many ducks are there?	There are five.
How much	How much flour do we have?	We have 1 pound.
What	What is that?	It's a crocodile.
When	When do you play badminton?	I play badminton on Saturdays.
Where	Where is the cat?	It is under the table.
Which	Which dog is yours?	Rex is my dog.
Who	Who is that?	It is Ben.
Whose	Whose camera is this?	It is mine.
Why	Why do you like soccer?	It is fun!

R19 Verbos irregulares

Algunos verbos en inglés tienen formas irregulares de past simple y past participle. Estos son algunos de los más comunes.

Forma base	Past simple	Past participle
be	was/were	been
break	broke	broken
catch	caught	caught
choose	chose	chosen
come	came	come
do	did	done
draw	drew	drawn
drink	drank	drunk
eat	ate	eaten
find	found	found
forget	forgot	forgotten
get	got	gotten
give	gave	given
go	went	gone
have	had	had
hold	held	held
know	knew	known
learn	learned	learned
lose	lost	lost
make	made	made
put	put	put
read	read	read
run	ran	run
say	said	said
see	saw	seen
sleep	slept	slept
swim	swam	swum
tell	told	told
wear	wore	worn
write	wrote	written

R20 Formas contraídas

A menudo contraemos algunos verbos, especialmente al hablar.
Estas son algunas de las contracciones más comunes en inglés.

Pronombre	to be		to have	
I	I am	➡ I'm	I have	➡ I've
he	he is	➡ he's	he has	➡ he's
she	she is	➡ she's	she has	➡ she's
it	it is	➡ it's	it has	➡ it's
we	we are	➡ we're	we have	➡ we've
you	you are	➡ you're	you have	➡ you've
they	they are	➡ they're	they have	➡ they've
that	that is	➡ that's	that has	➡ that's
who	who is	➡ who's	who has	➡ who's

Pronombre	will		would	
I	I will	➡ I'll	I would	➡ I'd
he	he will	➡ he'll	he would	➡ he'd
she	she will	➡ she'll	she would	➡ she'd
it	it will	➡ it'll	it would	➡ it'd
we	we will	➡ we'll	we would	➡ we'd
you	you will	➡ you'll	you would	➡ you'd
they	they will	➡ they'll	they would	➡ they'd
that	that will	➡ that'll	that would	➡ that'd
who	who will	➡ who'll	who would	➡ who'd

R21 Contracciones: verbo + "not"

Solemos contraer los verbos seguidos de **not**, sobre todo al hablar. **Mustn't** y **mightn't** son poco comunes.

Verbo + not		
is not ➡ isn't	had not ➡ hadn't	cannot ➡ can't
are not ➡ aren't	will not ➡ won't	must not ➡ mustn't
was not ➡ wasn't	would not ➡ wouldn't	might not ➡ mightn't
were not ➡ weren't	do not ➡ don't	could not ➡ couldn't
have not ➡ haven't	does not ➡ doesn't	should not ➡ shouldn't
has not ➡ hasn't	did not ➡ didn't	

R22 Pronombres, determinantes posesivos y pronombres posesivos

Para saber más sobre pronombres sujeto, ve a la Unidad 51. Para saber más sobre pronombres objeto, ve a la Unidad 52. Para saber más sobre determinantes posesivos, ve a la Unidad 55. Para saber más sobre pronombres posesivos, ve a la Unidad 56. No hay pronombres posesivos para **it**.

Pronombre sujeto	Pronombre objeto	Determinante posesivo	Pronombre posesivo
I	me	my	mine
you	you	your	yours
he	him	his	his
she	her	her	hers
it	it	its	
we	us	our	ours
you	you	your	yours
they	them	their	theirs

R23 Reglas de escritura: Present participles y gerundios

El present participle y el gerundio de un verbo son siempre iguales.
Para formarlos, agrega **ing** a la forma base del verbo. A veces la
grafía de la forma base puede cambiar al agregar **ing**.

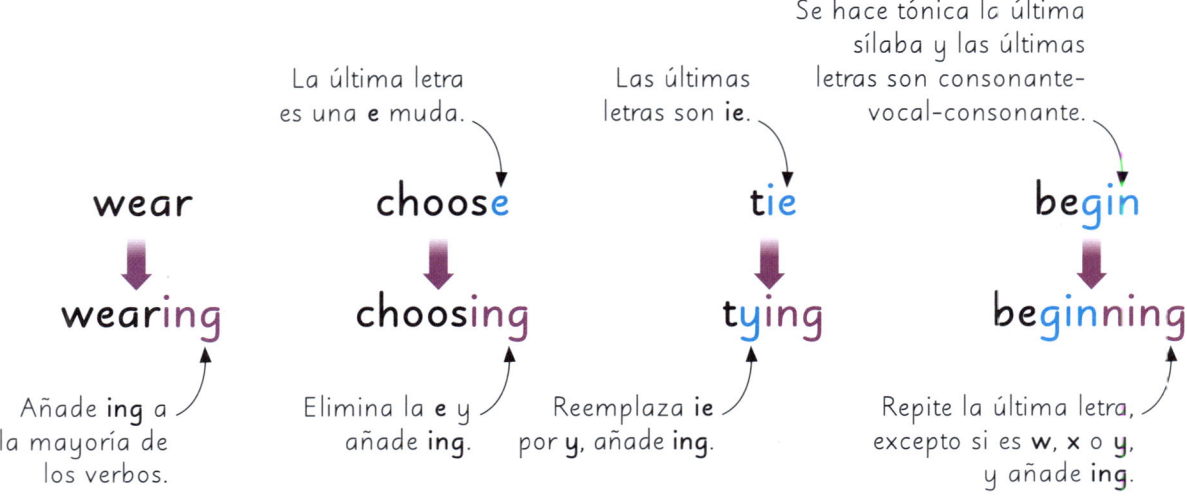

La última letra es una **e** muda.

Las últimas letras son **ie**.

Se hace tónica la última sílaba y las últimas letras son consonante-vocal-consonante.

wear → wearing

choose → choosing

tie → tying

begin → beginning

Añade **ing** a la mayoría de los verbos.

Elimina la **e** y añade **ing**.

Reemplaza **ie** por **y**, añade **ing**.

Repite la última letra, excepto si es **w**, **x** o **y**, y añade **ing**.

R24 Reglas de escritura: Past simple y past participles

Para los verbos regulares, las formas de past simple y past participle
son siempre iguales. Para formarlas, añade **ed** a la forma base del
verbo. A veces, la grafía de la forma base cambia al agregar **ed**.

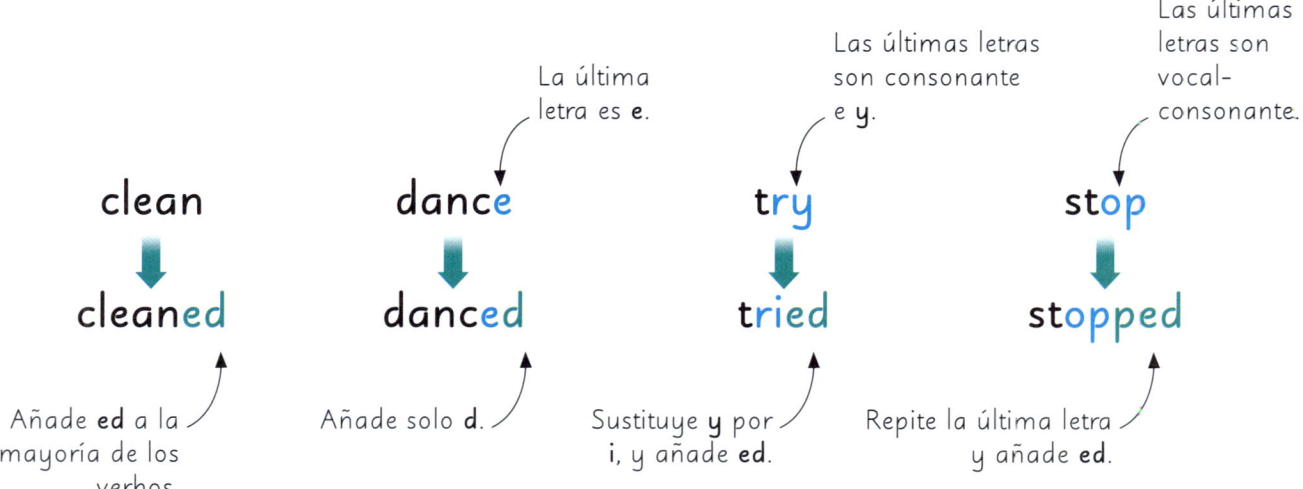

La última letra es **e**.

Las últimas letras son consonante e **y**.

Las últimas letras son vocal-consonante.

clean → cleaned

dance → danced

try → tried

stop → stopped

Añade **ed** a la mayoría de los verbos.

Añade solo **d**.

Sustituye **y** por **i**, y añade **ed**.

Repite la última letra y añade **ed**.

R25 Reglas de escritura: Sustantivos plurales

La mayoría de los sustantivos en plural se forman agregando **s** o **es** al final de la forma singular. Añade **es** a sustantivos que terminan en **s**, **x**, **z**, **ch** o **sh**.

Si el sustantivo termina en una **z**, añade otra **z** antes de **es**.

Añade **es** a a mayoría de los sustantivos que terminan en **o**. Si hay otra vocal antes de la **o**, añade solo **s**.

Para sustantivos que terminan en consonante y después **y**, sustituye la **y** por **i**, y añade **es**.

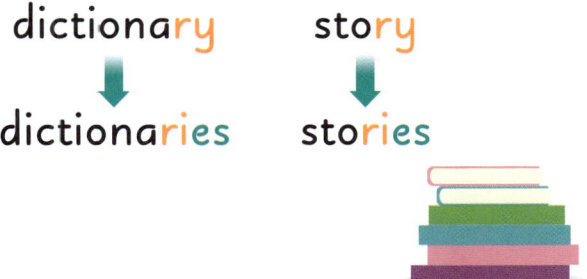

R26 Sustantivos de plural irregular

Algunos sustantivos en plural son irregulares. Se escriben de forma diferente de lo habitual o permanecen iguales.

Singular	Plural
mouse	mice
tooth	teeth
foot	feet
child	children
woman	women
man	men
person	people
sheep	sheep
fish	fish

R27 Conjunciones

Utiliza conjunciones para unir palabras, frases o cláusulas.

Conjunción	Uso	Ejemplo
after	Usa **after** para hablar de algo que ocurre después de otra acción.	I get dressed **after** I eat breakfast.
and	Usa **and** para hablar sobre más de una cosa o para unir dos oraciones o cláusulas.	I play the guitar **and** the piano.
because	Usa **because** para decir por qué ocurre algo o para explicar una decisión.	I'm wearing a jumper **because** it's cold
before	Usa **before** para hablar de algo que sucede antes de otra acción.	**Before** I have dinner, I wash my hands.
but	Usa **but** para contrastar una afirmación positiva y una negativa o para dar información adicional.	I like robots, **but** I don't like trains.
if	Usa **if** en oraciones condicionales cuando se habla del resultado de una acción o de lo que podría ocurrir cuando ocurre algo más.	We'll go to the lake **if** it's sunny tomorrow.
or	Usa **or** para hablar de dos o más cosas en una oración negativa o cuando hay una opción entre dos o más cosas.	I don't like pasta **or** rice. Would you like milk **or** juice?
so	Usa **so** para hablar de algo que sucede a causa de otra cosa.	I'm really tired, **so** I'll go to bed early.
than	Usa **than** para comparar dos o más cosas. Se utiliza con adjetivos y adverbios comparativos.	My cat is older **than** my dog.
when	Usa **when** para hablar de dos cosas que suceden al mismo tiempo, o de que algo sucede durante otra acción.	**When** we got to the park, we flew our kites.

R28 Palabras de tiempo

Di con palabras de tiempo cuándo suceden las cosas. Pueden ser preposiciones, conjunciones o adverbios.

Palabra	Uso	Ejemplo
about to	Se usa cuando algo va a suceder en un futuro muy cercano.	I'm **about to** eat dinner.
after	Se usa cuando algo sucede más tarde que otra cosa.	**After** school, I'm going to watch TV.
ago	Se usa con un complemento de tiempo para decir cuánto tiempo ha pasado desde algo.	We got a dog a month **ago**.
already	Se usa cuando algo ya ha ocurrido.	School has **already** started.
always	Se usa cuando algo ocurre todo el tiempo.	I **always** wake up early.
at	Se usa antes de una hora para decir cuándo sucede algo.	School starts **at** 9 o'clock.
before	Se usa cuando algo sucede antes que otra cosa.	We put our coats on **before** going outside.
by	Se usa para decir cuándo terminará algo.	I need to finish this **by** 6 o'clock.
during	Se usa para decir cuándo sucede algo.	You shouldn't talk **during** class.
for	Se usa para decir cuánto dura algo.	I read **for** two hours today.
from... to...	Se usa con horas para decir cuándo comienza y termina algo.	I played video games **from** 7 o'clock **to** 8 o'clock.
in	Se usa antes de meses, años y estaciones para decir cuándo sucede algo.	It's usually very cold **in** winter.
just	Se usa cuando algo ha ocurrido recientemente.	I have **just** arrived home.
now	Se usa cuando algo está sucediendo ahora.	We're playing in the park **now**.
on	Se usa antes de un día de la semana o de una fecha para decir cuándo sucede algo.	We went to the lake **on** Saturday.
since	Para decir cuándo comenzó la acción en curso.	We've been playing **since** 4 o'clock.
soon	Se usa cuando algo va a ocurrir en el futuro próximo.	I'm going to go swimming **soon**.
still	Si una acción que sigue comenzó en el pasado.	We're **still** washing the car.
until	Para decir cuándo terminará algo en curso.	I'm going to draw **until** 5 o'clock.
yet	Se usa cuando algo no ha ocurrido.	I haven't gotten dressed **yet**.

Glosario

adjetivo
Palabra que califica un *sustantivo* o un *pronombre*, p.ej. quick.

adjetivo comparativo
Adjetivo que compara una cosa o grupo de cosas con otra, p.ej. taller.
ver también *adjetivo superlativo*

adjetivo superlativo
Adjetivo que indica lo más extremo de un grupo de cosas, p.ej. best.
ver también *adjetivo comparativo*

adverbio
Palabra que califica un *verbo*, un *adjetivo* u otro adverbio, p.ej. quickly, very.

adverbio de frecuencia
Adverbio que indica "cuán a menudo", p.ej. usually.

adverbio de modo
Adverbio que indica "cómo", p.ej. badly.

adverbio de tiempo
Adverbio que indica "cuándo", p.ej. soon.

apóstrofo
Signo de puntuación que indica posesión, p.ej. John's cat, o contracción, p.ej. I'm happy.

artículo
Las palabras a, an, some y the, que indican si algo es general o específico. ver también *artículo definido*, *artículo indefinido*

artículo definido
La palabra the, que especifica el sustantivo que la sigue, p.ej. the house in the woods.
ver también *artículo indefinido*

artículo indefinido
Las palabras a, an y some, que se colocan antes de los *sustantivos* para hablar de algo en general o por primera vez, p.ej. Can I borrow a pen?
ver también *artículo definido*

clase de palabras
Muestra la función de una palabra en una oración, p.ej. *sustantivo*, *verbo*, *adjetivo*.

cláusula
Grupo de palabras que contiene un *verbo*.

cláusula de relativo
Cláusula que da información sobre el *sujeto* u *objeto* de la *cláusula principal*.

cláusula principal
Cláusula que puede formar una *oración* completa por sí misma.

condicional
Estructura verbal usada cuando un evento o situación depende de que otro evento o situación ocurra antes.
ver también *first conditional*, *zero conditional*

conjunción
Palabra que une dos palabras o grupos de palabras, p.ej and, because, if.

consonante
La mayoría de los sonidos en inglés excepto a, e, i, o, u.

contable
Sustantivo que denomina algo que puede contarse, p.ej. one book, two books.
ver también *incontable*

continuous
Los *tiempos verbales* denominados *continuous* expresan acciones que siguen sucediendo en un momento en concreto, p.ej. I'm writing.
ver también *past continuous*, *present continuous*

contracción
Dos palabras unidas con un *apóstrofo* para formar una palabra, p.ej. we are > we're.

determinante
Palabra que se pone antes de un *sustantivo* y lo identifica, p.ej. the book, this book.

determinante posesivo
Palabra que se pone antes de un *sustantivo* e indica posesión, p.ej. my, our, his.

enunciado
Oración que da información, es decir, que no es una *pregunta* ni un *imperativo*.

first conditional
Oración con "if" que describe una posible situación futura que depende de otra situación, p.ej. If it rains, I'll stay here.

forma base
La forma más básica de un *verbo*,
p. ej. be, run, write.
ver también *infinitivo*

formal
El lenguaje formal se usa cuando
no conocemos bien a alguien.
ver también *informal*

gerundio
La forma con "ing" de un *verbo*
cuando se usa como sustantivo,
p. ej. No running.

imperativo
Orden que se da a alguien, p. ej.
Stop! El imperativo es un *verbo*
en *forma base*.

incontable
Sustantivo que no puede
contarse, p. ej. water, money.
ver también *contable*

indicador de tiempo
Palabra o expresión que indica
tiempo, p. ej. now, yesterday,
tomorrow.

infinitivo (infinitivo con "to")
La *forma base* de un *verbo*, con
"to", p. ej. to go, to run.

informal
El lenguaje informal se utiliza en
situaciones en las que conoces
bien a las personas y te sientes
relajado.
ver también *formal*

intensificador
Palabra que refuerza un adjetivo o
adverbio, p. ej. very, really, much.

irregular
Palabra que se comporta de
forma diferente de la mayoría de
las palabras similares, p. ej. men
es un *sustantivo plural* irregular.
ver también *regular*

nombre propio
Un sustantivo que es el nombre de
una persona, lugar, día o mes,
p. ej. Maria, France, Sunday.
Los nombres propios siempre
empiezan con mayúscula en inglés.

número cardinal
Los números usados para contar,
p. ej. one, two.
ver también *número ordinal*

número ordinal
Números usados para ordenar,
p. ej. first, second.
ver también *número cardinal*

objeto
Sustantivo o *pronombre* que sigue
a un *verbo* o a una *preposición*.

objeto directo
La cosa o persona afectada por la
acción del *verbo*,
p. ej. "him" en We followed him.
ver también *objeto indirecto*

objeto indirecto
La persona o cosa afectada por la
acción de un *verbo transitivo*,
pero no el objeto directo, p. ej. "the
dog" en I gave the ball to the dog.
ver también *objeto directo*

oración
Grupo de una o más *cláusulas*.

oración negativa
Oración que contiene una palabra
como not o never.

oración positiva
Oración que expresa lo que
alguien o algo hace. No contiene
una palabra negativa.
ver también *oración negativa*

oración subordinada
Oración que depende de la
oración principal, normalmente
precedida por una *conjunción*.

orden de las palabras
Posición de las distintas palabras
dentro de una *oración*, p. ej. el
sujeto suele ir antes del *verbo*.

palabra interrogativa
Palabra que se usa para comenzar
algunas preguntas, p. ej. what,
which, who, why, how.

participle
Forma de un *verbo* que se usa
para los *tiempos verbales
compuestos*.
ver también *past participle* y
present participle

past continuous
Tiempo verbal que se forma con
was o were y el *present participle*,
p. ej. was doing.
Expresa una acción continua en
el pasado.

past participle
Forma de *participle* de un *verbo*
que se usa para formar *tiempos
verbales perfectos*, p. ej. walked,
done, eaten.

past simple
Tiempo verbal que consiste en la
forma de pasado de un *verbo*,
p. ej. walked, said, ate. Expresa
una acción terminada en el
pasado.

perfecto
Los *tiempos verbales* perfectos expresan un vínculo entre dos tiempos, p. ej. el *present perfect* vincula el pasado con el presente.

persona
La forma de un *pronombre* que indica quién habla (I, we), a quién se habla (you) o quién es mencionado (he, she, it, they). Los *verbos* también reflejan la persona, p. ej. am es la primera persona singular de to be.

plural
Forma de una palabra que se usa cuando hay más de uno de algo, p. ej. books, they.
ver también *singular*

predicado
Parte de una *oración* que contiene un *verbo* que describe lo que hace el *sujeto* de la *oración*, p. ej. "likes apples" en Sara likes apples.

pregunta
Oración que pide algo, normalmente información.

pregunta abierta
Pregunta que no puede contestarse con "yes" o "no". Comienza con una *palabra interrogativa*.
ver también *pregunta cerrada*

pregunta cerrada
Pregunta que puede responderse con "yes" o "no",
p. ej. Are you English?
ver también *pregunta abierta*

preposición
Palabra corta que une dos *sustantivos* o *pronombres* para indicar una relación,
p. ej. to, at, with, from.

present continuous
Tiempo verbal formado con el present de be y el *present participle*, p. ej. is doing. Expresa una acción continuada en el presente.

present participle
Forma de *participle* de un *verbo* usada para formar *tiempos continuos*, p. ej. walking, doing.

present perfect
Tiempo verbal formado con el present de to have y el *past participle*, p. ej. have done. Expresa una acción que comenzó en el pasado y que continúa, o que sucedió en el pasado pero tiene un resultado en el presente.

present simple
Tiempo presente que consiste solo en la forma de presente de un *verbo*, p. ej. walk, say, eat. Expresa una verdad general, una opinión o un hábito.

primera persona
Cuando un pronombre o un determinante posesivo se refieren al hablante, p. ej. "I" en I am happy.
ver también *segunda persona*, *tercera persona*

pronombre
Palabra que reemplaza a un *nombre propio* o *común* cuando este ya se ha mencionado,
p. ej. it, that.

pronombre demostrativo
Palabras que especifican un *sustantivo* como más cercano (this, these) o más distante (that, those) del hablante, p. ej. This watch is cheaper than that one.

pronombre indefinido
Pronombre que no se refiere a una cosa o persona en concreto,
p. ej. someone, nothing.

pronombre objeto
Pronombre que en general sigue a un *verbo* o una *preposición*,
p. ej. me, them.

pronombre personal
Palabra que se refiere a personas o cosas que ya se han mencionado, p. ej. he, they.
ver también *pronombres objeto*, *pronombres sujeto*

pronombre posesivo
Palabra que reemplaza a un *sustantivo* e indica posesión,
p. ej. mine, ours, his.

pronombre reflexivo
Palabra que se refiere al *sujeto* de la *oración*, cuando el sujeto y el *objeto directo* son el mismo,
p. ej. myself.

pronombre relativo
Palabra que introduce una *cláusula de relativo*, p. ej. who, that, which, where.

pronombre sujeto
Palabra que reemplaza a un *sustantivo* como sujeto de una *oración*, p. ej. I, she, they.

regular
Palabra que se comporta de la misma manera que la mayoría de las palabras similares a ella, p. ej. books es un *sustantivo plural* regular, y waited es un *past simple* regular.
ver también *irregular*

respuesta corta
Respuesta a una *pregunta* que solo usa el *sujeto* y el *verbo auxiliar*, p. ej. Yes, I do.

segunda persona
Cuando un pronombre o determinante posesivo se refiere a alguien a quien el hablante se dirige directamente, p. ej. "You" en You are smiling.
ver también *primera persona*, *tercera persona*

sílaba
Cada palabra está compuesta por un número de sílabas, cada una de las cuales contiene un sonido *vocálico*, p. ej. teach (una sílaba), teacher (dos sílabas).

sílaba tónica
Sílaba que se pronuncia con más fuerza que el resto en una palabra.

singular
Forma de una palabra que se usa para referirse solo a una persona o una cosa, p. ej. book.
ver también *plural*

sintagma nominal
Sustantivo, *pronombre* y otras palabras ligadas a un sustantivo, p. ej. the blue house.

sujeto
Persona, cosa, lugar, etc., que normalmente se pone antes del *verbo* en una *oración*.

sustantivo
Palabra que se refiere a una persona, lugar o cosa.

tag question
Frase corta que convierte un *enunciado* en una *pregunta*, p. ej. "isn't it" en It's hot today, isn't it?

tercera persona
Cuando un pronombre, nombre o determinante posesivo se refiere a alguien que no es el hablante o a quien el hablante no se dirige directamente, p. ej. "They" en They are playing football.
ver también *primera persona*, *segunda persona*

tiempo verbal
La forma de un *verbo* que muestra el tiempo de la acción, p. ej. *present simple*, *past simple*.

tiempo verbal compuesto
Tiempo verbal que usa un *verbo auxiliar*, p. ej. el *present perfect*: has done.

tiempo verbal simple
Los *tiempos verbales* simples están formados solo por el *verbo principal*; no necesitan un *verbo auxiliar* en su forma *positiva*.

verbo
Palabra que indica una situación o acción, p. ej. stay, write.

verbo auxiliar
Verbo que se usa con otro verbo, p. ej. para formar *tiempos verbales*, normalmente to be, to do y to have.
ver también *verbo principal*

verbo intransitivo
Verbo que no admite *objeto directo*.
ver también *verbo transitivo*

verbo modal
Tipo de *verbo auxiliar* que se usa con un *verbo principal* para indicar ideas como capacidad y permiso.

verbo principal
Verbo en un grupo de verbos que contiene el significado, p. ej. "ride" en I can ride a bike.

verbo transitivo
Verbo que admite un *objeto directo*.
ver también *verbo intransitivo*

vocal
Las letras a, e, i, o, u.
ver también *consonante*

zero conditional
Oración con "if" o "when" que describe una situación presente o una acción regular, p. ej. When it rains, we stay inside.

Índice

Los números corresponden a las unidades. Las cifras en negrita indican dónde se encuentra la información principal. Los números que comienzan con R remiten a la sección de referencia.

Agradecimientos

Los editores quieren agradecer a:

Oliver Drake, Kayla Dugger y Lori Hand, por la revisión del texto, Laura Gardner y Jessica Tapolcai por su asistencia con el diseño y Elizabeth Wise por el índice.

Todas las imágenes son propiedad de DK.

Para información adicional, puede visitar:

www.dkimages.com.